势道术
产品经理
成长之路

高玮·编著

电子工业出版社·
Publishing House of Electronics Industry
北京·BEIJING

图书在版编目（ＣＩＰ）数据

势道术：产品经理成长之路 / 高玮编著. -- 北京 :电子工业出版社，2022.1

ISBN 978-7-121-24890-0

Ⅰ．①势… Ⅱ．①高… Ⅲ．①企业管理－产品管理Ⅳ．①F273.2

中国版本图书馆CIP数据核字（2021）第228093号

责任编辑：赵英华　特约编辑：马　鑫
印　　刷：天津千鹤文化传播有限公司
装　　订：天津千鹤文化传播有限公司
出版发行：电子工业出版社
　　　　　北京市海淀区万寿路173信箱　邮编：100036
开　　本：720×1000　1/16　印张：13　字数：332.8 千字
版　　次：2022年1月第1版
印　　次：2022年10月第2次印刷
定　　价．69.00元

凡所购买电子工业出版社图书有缺损问题，请向购买书店调换。若书店售缺，请与本社发行部联系，联系及邮购电话：（010）88254888，88258888。

质量投诉请发邮件至zlts@phei.com.cn，盗版侵权举报请发邮件至dbqq@phei.com.cn。

本书咨询联系方式：（010）88254161~88254167转1897。

我从 2005 年开始，已经做了很多年产品工作，经手设计管理的产品也很多，其中有一些获得了不小的成功，但也有一些产品一时声名鹊起，随后泯然众人矣，而更多的则是开发出来无人问津。其实不只是我做的产品有这样的遭遇，很多朋友也都有这样的困惑，辛辛苦苦做了设计、开发，从视觉、品质、功能都不比别的产品差，甚至有不少独有的体验，但就是不温不火，这究竟是为什么？直到 2019 年，我有了一些时间，可以站在另外的角度重新思考产品、用户、行业之间的关系，才发现产品的成败，在大多数时刻，与很多产品经理每天心心念念的交互体验、功能设计关系并不大，而更多在于商业模式的设计、市场趋势的把握、用户需求的洞悉。而传统意义上的产品设计，只是在前面这些大前提被满足之后，进行落地的实施步骤而已。

有了这样的认知，再次复盘以往做的很多项目，才觉得豁然开朗。一个产品的成功，更多在于"趋势"——在时代的风口之上，赢取了技术革命、经济发展的趋势红利；"明道"——洞悉在这样的趋势之下，用户心理底层的变化与波动，以及在这样的变化下，需求的变化和没有被充分满足需求带来的蓝海；"优术"——了解需求本身之后，再用最新的技术方式，最符合时代发展的审美体系以及交互体验，在让用户满足需求的同时，在体验和商业模式下获得平衡，进而通过规模化，获得社会效益和经济效益的双丰收。

后来我有机会将这些观点与更多人分享，获得了不错的反馈，也帮助一些人使其负责的产品得到了一些发展与进步，越发感觉在这个从供给侧思维转向需求侧思维的时代大潮中，产品思维、用户思维对个人、企业、行业都会有很大的帮助。此次承蒙电子工业出版社之邀，有机会将这些心得诉诸纸面，希望能对更多的人有所启发与帮助。当然，时代在不断变化，而认知也在不断迭代升级，书中的观点如有不当之处，还望大家海涵之余不吝赐教。

目录
Contents

第 1 章

什么是产品 ——————————————

人们通常的做事习惯，是先把这件事的名字搞清楚，因为名词最奇妙的一点是太过熟悉，反而

容易忽略事情本身的意义。而重新回到词语本来的意思，是做好一件事的第一步。

1.1　在谈论产品时，我们在谈论什么

产品到底是什么？生产出来的物品都是产品吗？

在互联网的圈子里，我们每天都在谈论产品：哪个 App 又发布了新的版本，App Store Top 100 榜上又出现了谁，张小龙、雷军、乔布斯也必然是每天挂在嘴边的"大神"。但我们在谈论产品的时候是否想过，我们高谈阔论的产品究竟是什么？产品并不只是界面、后台的简单叠加，毕竟产品的概念不是互联网专享的。一瓶水是产品，一本书也是产品，一个树上结的苹果和你手中的手机都是产品，那么，产品究竟是什么？

在《现代汉语词典》中产品的定义是"生产出来的物品"，这说明了第一个层面，产品是需要有生产方的。此定义把世界上最宝贵的一些东西排除在产品之外了，如阳光、空气、大海、爱情、生命等。尽管很多产品经理都有着造物主的情怀，但不得不说，造物主的劳动成果并没有被列为产品的范畴。

不过"生产出来的物品"这个概念依然显得太过宽泛，经济学上产品的概念，更趋向于我们日常所描述的产品——**"产品是指能够供给市场，被人们消费和使用，并能满足人们某种需求的东西，它包括有形的物品，无形的服务、组织、观念，或者它们的组合。"**

这个定义中包含了几个关键要素。

1. 能够供给市场

产品被制造出来是为了在市场上形成交易，而不是造出来供自己使用或者只给特定的人使用的。例如，我的炒饭做得非常好，但如果我炒的饭自己吃了、家人吃了，或者为了让朋友帮我办事情给朋友吃了，即使我"生产"了炒饭，但这个炒饭并没有供给市场，所以也不能称为产品。

2. 被人们消费和使用

产品做出来是给人使用的，而不是给人供奉或者炒作的。艺术大师画一幅画，这是一个生产的过程，画作完成之后在拍卖会上拍卖，形成了交易，如果买家拿到画之后把画锁到保险柜中，那么这幅画就不再是产品了。因为锁在保险柜中的目的无外乎有两个，藏起来或者怕损坏，那么在这种状态下，这幅画的属性是一件艺术品或者收藏品。如果是为了保值、增值，期待着未来的某一次拍卖会能卖个好价钱，那么这幅画就成了一笔投资。

产品需要人们使用，而非收藏或炒作。绘画大师绘制一幅画，即完成了一次生产。画作在拍卖会上被拍卖则形成了一次交易。假如买家将画作拿回家锁入保险柜，那么画作则失去了产品的属性，从产品转化为了艺术品或者收藏品。

3. 满足人们的某种需求

满足需求是产品生存的关键。产品有人使用并且能够进入市场，就意味着使用者为了使用这个产品付出了成本。这种付出的背后必须满足某种需求，也就是供需关系成立的基本要素。假设我要生产一个特别高效的设备，类似一种圆筒，后面配一台大功率风扇，为了达到极高的效率，风扇组件委托戴森公司来设计，做到低能耗高风量，而且噪声极低，发热量小，免维护。圆筒外壳用铝合金一体压制成型，精致典雅，手感极佳，用了苹果笔记本电脑的外壳技术，为了品质甚至牺牲了一定的良品率。这样一台精致、优雅、高效的设备——全自动 AI 撒币机，我们会帮助客户安装在楼顶，用途是在里面放上纸钞后，可以使纸钞非常高效地向外抛洒，而且通过拥有专利的内部可变膛线设计，加上空气湿度和风力的传感器以及智能算法，可以保证纸钞在出膛之后，在空中飞舞出完美的旋涡。我想，即使这样高端的设备，恐怕也不会有人要，所以也不能被称为产品。

因此，满足需求、供人使用、面向市场，这是产品的 3 个原则。在满足这些原则之后，形态可以非常宽泛，有形的物品或无形的服务、组织、观念都可以是产品。所以我们在谈论产品的时候，谈论的重点应该放在需求、用户和市场上。

谈论哪个 App 发布了新的版本，重点应该在于这个 App 的新版本增加了什么新功能？这个功能满足了用户什么样的新需求？市场上是否有类似的解决方案？这样的解决方案之前收到了什么样的效果？这个版本是否去掉了一些功能？之所以去掉这个功能是由于使用的用户太少导致需求不成立，还是由于供需关系的问题导致入不敷出？

谈论 Top 100 榜上又出现了哪个新产品，重点应该在于这个新产品是否解决了某一个一直存在，但没有解决的需求，还是某个需求找到了新的、更好的解决方式，又或者发掘出了新的需求。产品冲上榜单是一个被市场认可的信号，但应该考虑这种认可是短暂的，还是长期存在的？这个产品的用户具备什么样的特质？自己的产品用户是否和这个产品的用户类似？这个产品被市场验证的功能需求是否可以被自己的产品所用？这些都是需要思考的问题。对于我们来说，明晰产品是什么，是做好产品的第一步。

1.2 在商业世界中，人也是产品

人是产品吗？是，也不是。关键是在什么样的环境下界定，在公司里，是。

产品是指能够供给市场，被人们使用和消费，并能满足人们某种需求的任何东西，包括有形的物品或无形的服务、组织、观念，也可以是它们的组合。

确定概念之后，就要讲述本书的一个核心观点——**我们每个人在商业世界中都是一个独立的产品**。也许乍看这个观点你会有些费解，一个人怎么会是一个产品呢？

人有着两个属性，一个是生物学的属性，我们是脊索动物门，哺乳纲，灵长目，人科，称为人类的动物。从这个属性上看，人是生而自由的。但从另一个社会学属性角度来讲，我们在社会上生存，就不是茹毛饮血、各自为战的。社会化的一个重要特征，就是社会化大分工的建立。即使是最早的农耕文明，也有男耕女织的分工组合。到了现代社会，分工更是越来越垂直和精准。在"知乎"上有一个很有趣的问题——当代一个受过高等教育的人如果穿越回古代，是否能够引起一次历史性的工业革命？其中有一个答案我很赞同，其大致的思路是，穿越者可以带到古代的只有自己的见识，但由于工业基础太差，所以并不会出现太大的生产力变化。且不说手机中包含大国重器级别的芯片技术、巧夺天工的存储技术，以及至今依然急需技术突破的电池，就说一根简单的铅笔，世界上也没有任何一个人可以独立将其制作出来。

一根铅笔，分为 3 个主要部分，铅笔芯、木质笔杆、橡皮擦。

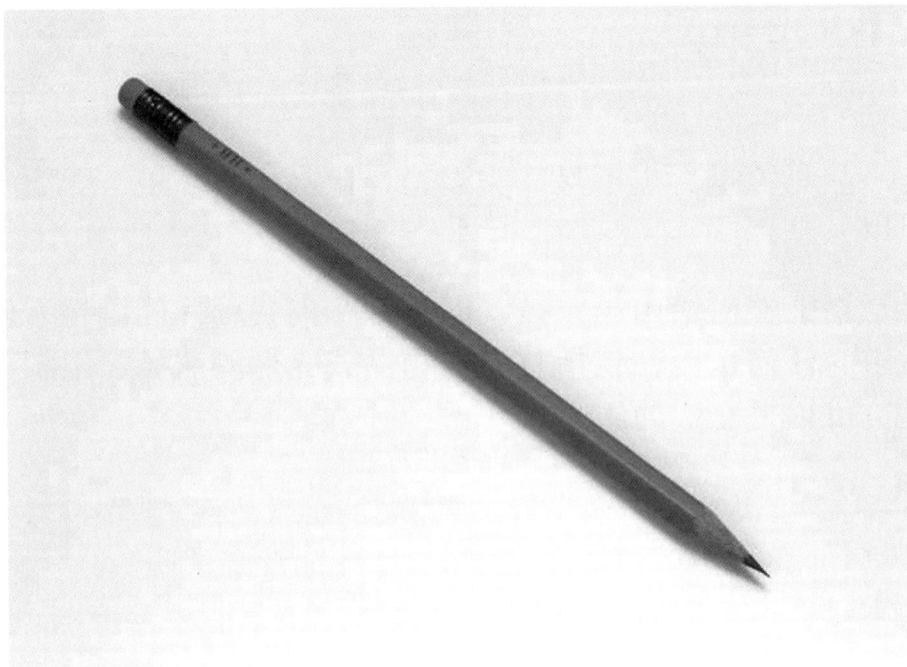

铅笔芯的主要成分是石墨和黏土，要获得石墨和黏土需要石墨矿和黏土矿，而矿产石墨的纯度并不足以制作笔芯。法国人发明的水洗石墨的方法才使石墨的纯度达到了制作铅笔所需要的水准。而后又经过反复试验，才在石墨中混合了黏土以增加其硬度。

而笔杆，需要将木头切割加工，切割工艺需要用到刀，想获得刀还需要采矿、冶炼、锻造等技术。笔杆做好后，将笔芯安装到笔杆中还需要黏合。黏合一定需要胶水，这就比较麻烦了，很多胶水都是高分子化合物，例如我们最常用的速干胶，本名叫 α - 氰基丙烯酸酯瞬干胶，一听就不是一个容易凭空造出来的东西。再算上笔杆外皮的油漆，也是有机化工的高分子工艺，古代漆的制作方法也并不简单，需要油桐的种子压榨出生桐油，再加上有色矿物质作为染料。

这还不是最高难度的，最高的难度在于铅笔末端的橡皮，这块小小的橡皮使用的材料为硫化橡胶。橡胶树首先就不是中国古代的作物，如果需要就要到非洲采集，硫化工艺更是天方夜谭的黑科技，所以橡皮的发明本身就在铅笔发明的一百年后。

制作一根普通得不能再普通的铅笔，不提实操部分单说其知识体系，对于任何一个大学的学院授课内容来说都已经远远超纲了。其实这并不奇怪，在现代，一根铅笔的制作需要 200 多家企业协同配合，而且材料来自全球。在现代这个规律运作的世界里，我们能做的只是在整体的经济结构中找到自己能做的事情，用自己的价值满足市场的某种需求来交换价值，再利用获得的价值，换取其他产品和服务。这样来看，是不是可以理解在商业世界中，每个人都是一款产品了。

例如，你任职于产品经理这个岗位，为企业提供产品设计、需求分析、市场分析、需求沟通、项目管理的一系列服务，交付的方式是 PRD（产品需求文档）、UE（用户体验文档）、产品发布、市场分析报告、PPT 等。同比微信这款产品为我们提供的是交流沟通、熟人社交、信息咨询服务，交付的结果是语音、文字、视频、表情包、朋友圈、公共账号等服务，从原理上讲并没有什么差别。

作为产品经理，其一生最重要的产品，并不是进入大企业，管理一款 DAU（日活跃用户数量）破亿的 App，也不是自主创业，从 0 到 1，最终上市敲钟，最重要的产品其实是你自己。

任何一款产品都有自己的生命周期，作为个人的成长和修炼伴随终生。产品经理从业者有一个先天的优势，就是产品经理的工作会长期修炼产品思维。用产品思维看待和管理自己的人生，会让自己这款产品不断优化、迭代、升级。在别人来看，你成了更好的"产品"，对自己来说，成就了更好的人生。产品经理是一种岗位，而产品思维是一个人重构认知的思维操作系统。

本书希望通过介绍产品经理核心的思维方式和方法论，既谈常规的产品应该如何设计管理，也谈这款名为"自己"的产品，需要如何规划和成长。

1.3 产品的层次——势、道、术

武侠小说有一个很大的价值，就是能够告诉人们如何看待成长的层次。

世界上很多的道理都是相通的，习武之人有很多俗语都点出了成长的哲理——"练武不练功，到老一场空""内练一口气，外练筋骨皮"，它们说的都是"内功"与"外功"的关系。产品经理的"外功"是一些容易被显化的能力，例如 PRD 的撰写、UE 的绘制、PPT 的美化都很有价值，而且经过练习，成长的速度也会加快。但是只锻炼这部分的能力容易在升职到更高的岗位后缺乏再动力，出现"到老一场空"的悲剧。而"内功"就是底层的能力，例如需求分析能力、市场分析能力、产品分析能力、对用户痛点的感知力、市场趋势的洞察力、行业脉动的把握力，这些能力可以让一个产品经理跨越行业，进入新领域迅速学习。就像《倚天屠龙记》中的张无忌，学习"乾坤大挪移"这种即使顶级高手都需要几十年也未必成功的功法，只需要几个时辰，学习太极拳只需要看两遍，除了他天赋异禀，更重要的就是他拥有非常强大的内功——"九阳神功"。反观《天龙八部》中的王语嫣，同样是聪慧过人，各门各派招式都能轻松看出关隘，但她没有真正的功力，也只能是一本活的"武学宝典"。

作为产品经理，如果你不想成为"人形 PRD 打字机"，也不想成为只会夸夸其谈的产品自媒体，那就需要对"内功"有更多的思考和锻炼。

电影《一代宗师》中有一句台词对武学层次的描述非常经典——"习武之人有 3 个阶段：见自己、见天地、见众生"。这 3 个层次放到产品思维中，就成为 3 个核心层次——势、道、术。

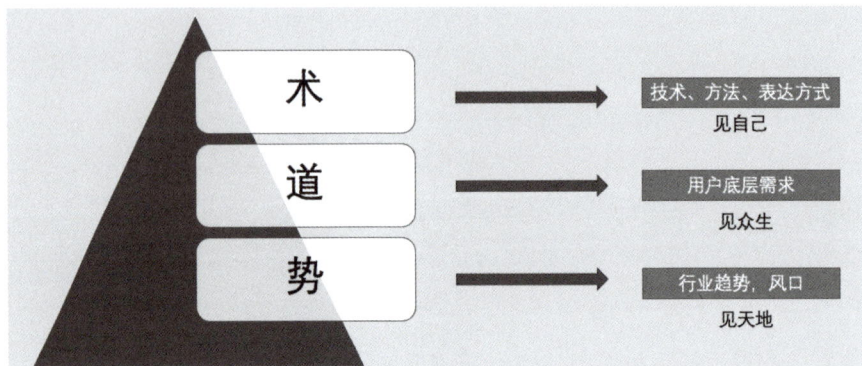

1. 所谓"势"，就是行业的趋势与风口

小米科技创始人雷军曾说："站在风口上，猪都能飞起来"，也为小米之后建立的投资基金取名为"顺为"，即"顺势而为"。这些都是"势"的层次，也就是"见天地"。《孙子兵法》中的"天时地利"，讲的也是这个"势"。但"事在人为"，"势"不在人为，所谓时势造英雄，而不是英雄造时势，就因为此"势"大多是由一个行业外更大的力量形成的，而这种更大的力量是 4 种宏观因素共同造就的。

首先是**政策**（Policy），政策对于一个行业的影响立竿见影。例如在 2016 年，为了规范直播行业，政府颁布了相关的规定。在这个时间点之前，除传统的 YY、9158，游戏直播界的斗鱼、虎牙、战旗、龙珠，新崛起的映客、花椒外，有几千家直播平台好似雨后春笋，但很多都在野蛮生长，也产生了很多行业乱象。在政策颁布之后，很多不合规的中小平台选择转型或自行关闭，但使整个行业走上了更正规、更有未来的发展轨迹，这就是政策对于一个行业的影响。

政策对行业的利好影响也十分强大。例如在 2019 年政府出台了对符合条件的集成电路和软件企业实施两年免税、三年减税的政策，这样的政策必然对集成电路行业空前利好。

其次是**经济**（Economy），经济环境的变化会促进或限制某些行业的发展，就像经济学上有一个很著名的"口红效应"，指在美国经济不景气时，口红的消费就会提升的现象。背后的原因在于，在美国，人们认为口红是一种比较廉价的奢侈品，尽管经济不景气，但人们的消费欲望还在，这种廉价奢侈品可以对消费者起到一种"安慰"的作用。类似的效应还有很多，诸如"短裙效应""白酒效应""方便面效应"等。其实这也说明，无论经济环境景气与否都能有"势"产生，与其抱怨环境，不如看准市场，找到"势"才是更明智的选择。

再次是**社会**（Society），包括消费心理、生活方式变化、文化传统等社会因素。例如这几年被反复提及的"消费升级"，这种变化的生活方式对于服务业、跨境电商、设计师品牌、定制类产品等行业有着明显的利好。再如，"90 后"消费者对借贷消费的观念相比于以往的消费者出现了很大的差异，已经不再有负债的心理，受此影响，互联网金融产品出现了明显的爆发期。

最后是**技术**（Technology），这里所指的"技术"不是某一家企业或者某一个行业所使用的"技术"，而是指社会技术总水平的变化。就像 5G 时代的到来，会使很多行业出现重新洗牌的机会。例如汽车行业，真正的智能驾驶所需要的低延时、高速度、高可用性，以及对汽车、路面的万物互联的状态，是必须以 5G 作为基础的，而如果真正的智能驾驶出现并普及，出行效率会有革命性的提升。现在困扰城市人的交通痛点"堵车"在很大程度上是由于司机要观察其他车辆的动向来做出判断，而这个过程需要不断留出余量。如果所有汽车都是智能化控制的，由中央处理器统一调配，只要保持相对统一的速度，即使路面有再多的车辆，也可以高速且安全地行驶，

这将极大地改善路面的通行效率。而乘客在车内可以睡觉、吃饭、聊天、工作，而不需要把精力消耗在驾驶上。这样的出行方式的革命，又会引发现有城市、区域经济带的整体重构。其带动的行业和产业的"势"可以说是层出不穷的。

这 4 个方面正是 PEST（分析模型），也是分析"势"比较好的思维框架。

2. 所谓"道"，就是用户的需求

"天时不如地利，地利不如人和。"这里的"人和"说的就是人的需求。做产品最重要的一点就在于符合用户的需求。很多产品经理会说体验是最重要的，于是把很多的精力放在了"打磨"产品上，在一个按钮是圆角还是方角、一个交互使用的动画效果应该延迟零点几毫秒上反复研究，尽显匠人精神，但产品上线之后日活跃用户数量和用户留存率惨不忍睹。很多时候之所以会出现这种情况，就是因为只把注意力放在了"术"上，而忽视了"道"。

如果有这样一款视频产品，只能在 PC 上使用，且使用时必须安装客户端，播放前的广告可能有 5 分钟，经常出现卡顿问题，清晰度也不高，界面设计老旧，感觉像是东拼西凑出来的软件。这样的一款产品单从"卖相"上看，可以说几乎一无是处。但就是这样的一款产品，在其巅峰时期，安装量破亿，下线几年后依然有无数人记得它的名字，甚至很多人说"欠它一个 VIP"。是不是很神奇，请大家猜一猜，这款产品叫什么？

在这个层面我们讲究"明道"，"明"的意思是洞察，因为用户的需求只能被挖掘而无法被创造，创造出来的需求往往是"伪需求"。就像前面讲述的"全自动 AI 撒币机"一样，本质上都不是真正的产品，只能说是一种行为艺术。

Path（社交 App）由 Facebook 高管创立，于 2010 年上线，上线伊始，以其华丽的界面、顺滑的交互名噪一时。它提出了很多特别的社交理念，例如，开始时只能有 50 个好友（后来扩展到 150 人），因为创始人认为由于私密属性，用户不需要那么多的好友。但坚持自己的理念并不代表用户会买账，这个华丽的产品在 2015 年 10 月 18 日正式关停。

作为一款产品最核心的价值，就是通过满足用户需求来交换价值。《孙子兵法》中说，"上下同欲者胜"，说的是在一个军队中，将领和士兵目标是相同的，都希望战胜敌人而不是各怀鬼胎，只有这样的军队才能取得胜利。将这句话用在产品开发中则变成，只有产品经理和用户的目标相同，产品符合了用户的需求而不是用户与产品经理的想法南辕北辙，这样的产品才能在市场中生存下来。

3. 所谓"术"，就是方法与手段

谈到"道"与"术"，有些人总会觉得"道"是上品，而"术"是下品。其实不然，势、道、术是三位一体缺一不可的。只是坐而论道而不去行动，就成了思想的巨人，行动的矮子。"术"是需要不断优化的，例如一款产品如何能让用户的体验更好，这个追求就是永无止境的，而且很多"肉眼看不到"的优质体验，更需要精心打磨。

以爱奇艺来说，爱奇艺在 2010 年上线，那时的市场成熟度很高，已经有了优酷、土豆、酷六、搜狐视频、腾讯视频几家巨头。爱奇艺这个后发者选择了打造更加优质体验的产品设计方向，当时的一个思路就是"比流畅更流畅"。它在长视频产品的竞争中，满足了用户找到想看的内容之后，最核心的就是流畅观看的感觉。从常规的产品设计上讲，播放不卡顿就是好的用户体验了，但这里存在着很多优化机会。

首先是在各个地区和任何状态下都能做到尽可能播放不卡顿，因此，爱奇艺在全国各地以及不同网络条件下招募了很多志愿者帮助收集播放卡顿的情况，如果有问题及时排查；其次，做了更多的码流格式，并且按照客户实际带宽自动适配适合的码流版本；再次，在保持高感官清晰度的情况下，尽量缩减码流（所谓的"感官清晰度"是我们在看视频时，注意力并不是在画面中平均分配的，而是会把重点放在两种区域，一是人脸，二是字幕。因此，通过人脸识别算法，把更多的码率放在观众更加关注的地方，就能做到在保持更高感官清晰度的情况下缩减码流）；最后，在切换清晰度时，传统的播放器用的流程是暂停现在码流后加载新码流，加载完成后播放视频，这个过程必然会出现黑屏和卡顿的现象。尽管这个卡顿是"用户造成的"，但爱奇艺还是把流程修改为不暂停现有码流播放，从现有码流加载的末端开始加载新码流，从而做到了无缝切换清晰度的效果。

在核心体验上的不断优化会成为不断夯实的竞争门槛。所谓"落后就要挨打"，说的也是在"术"的层面如果一直用冷兵器与热兵器对抗，无论士兵有多么英勇无畏，无论信念有多么坚定不屈，最终的结果也一定会和僧格林沁冲向大炮排枪的骑兵一样。要知道"镫里藏身"的技巧再高超，也抵不上一枚炮弹的降维打击。

在产品设计和管理领域，最新的设计理念、最新的交互方式，乃至一个更流畅的登录方式，都是可以追求优化的点。因为今天产品的体验提升，就会构成一个体验红利形成用户口碑。有的人会说这个没有用，反正也会被人抄，但被抄是明天的事情，今天的红利被累积下来了，如果持续创新，就能积小胜为大胜，从口碑形成品牌。而且，如果不持续创新，对行业内好的体验不去跟进，那么今天的优质体验就会成为明天的行业标准，到后天你还停留在之前的地方就会出现体验洼地，用户自然就会用脚投票了。

取势、明道、优术，构成了产品经理的三大核心层次，对应日常工作就是行业分析、需求分析和产品分析，本书也会围绕着这 3 个层面展开。

第 2 章

取势：行业分析

"站在风口上，猪都能飞起来"，这句话虽早已家喻户晓，但究竟什么是风口？看上去风口很

多，但很短时间便一地鸡毛究竟是什么原因造成的？产品经理是否应该去追逐风口？这些问题

都在本章中具体谈论。

2.1 为什么是时势造英雄，而不是英雄造时势

为什么不是英雄造时势，难道不是我命由我，不由天吗？其实，对于一个产品，其命运从某种意义上来讲，还真是"天注定"，关键是要看这个"天"究竟是什么。

究竟是英雄造时势，还是时势造英雄？这是一个"鸡生蛋还是蛋生鸡"的无解问题。在讨论这个问题之前，先来看看"势"究竟是什么。"势"字是由"执"和"力"组成的，"执"字再拆分是"手"和"丸"，本意是"在高原上滚球丸"，"势"由"执"与"力"联合起来，表示"高原上的球丸具有往洼地滚动的力"，本意是"重力"。这就是我们说的"势能"的本意。所以，势由谁决定，就在于谁有这样的力量，可以把球丸搬上高原。

可以借用《三国演义》中的一个名场景来探讨一下，"英雄"是否可以推动这样的势能之球。

一日，曹操请刘备喝酒，二人对坐，开怀畅饮。酒至半酣，忽然风云变幻，骤雨将至，曹操有感问道。

曹操："玄德久历四方，必知当世英雄，请谈论一二。"

刘备："丞相，备肉眼凡胎，哪里识得英雄？"

曹操："不要谦虚了，谈一谈。"

刘备："燕京李小红，武功独步天下，一招搜索，天下无可遁形，所谓"小李飞刀"，例无虚发，可谓英雄？"

曹操："技术变化莫测，现在这个移动时代，小红早已不复当年之勇，待到 5G 到来，万物互联，只依赖原先招数，怕会难上加难。"

刘备："岭南马小腾，有上将小龙，国士无双，靠游戏业务，兵广粮足，可谓富甲天下，可谓英雄？"

曹操："氪金之术，不错，但我闻朝廷曾出台法度，对游戏约法三章，尤是上市，须申版号，当时，即使小腾，也是手忙脚乱。"

刘备："好吧，江南马小云，广行通商之事，天下布贾，又开钱庄、掌镖局、开拓漕运，总可谓英雄了吧？"

曹操："小云本可在商贾之事揽六合并天下，然天下万民，众口难调，一厢消费升级，一厢便需渠道下沉，此消彼长，顾此失彼，以致至今依然群雄并起。"

曹操：“我也闻这天下英雄如过江之鲫，前有张小阳、丁小磊，也为当世之雄，然古往今来，这经济之事，如长江滚滚，潮起潮落，能始终傲立潮头、浪遏飞舟者，又能有几人，正是是非成败转头空，青山依旧在，几度夕阳红。”

———————

本文出现的所有人物、公司及事件，均为虚构，如有雷同，纯属巧合。

第 1 章曾谈过，分析宏观市场的常用模型 PEST 中政策（Policy）、经济（Economy）、社会（Society）、技术（Technology）这 4 个元素的组合作用，才是能把势能之球推上山顶的力量。即使是所谓的英雄人物和强大企业，也不足以与这样的力量对抗。我们能够做的就是找到“势”的所在，通过借势达到“好风凭借力，送我上青云”的目的。

2.2 唯有海阔，才能凭鱼跃

如何选择自身应该投入的行业呢？其实每个人都是自己的投资人，要投入的是自己的时间和生命。

常言道"男怕选错行"。其实，现在无论男女都怕选错行。选错行意味着收入少，还意味着没有发展，甚至在职场上会出现很多恶性竞争。我曾经参与过一次急救培训，本来认为会很无聊，但没有想到来讲解的小伙子讲得异常精彩，精彩到吸引了很多经过的同事主动参加培训，令我惊诧不已，觉得这个培训比起很多我亲身参与的高价培训都精彩。培训后，我问小伙子有没有专业学过讲演，他说"没有"。小伙子自述之前也去过很多企业培训，受训者觉得无聊，没几个人听，仅有几个听的也都在玩手机。他从此开始不断练习，经过一两年的时间，把自己打磨成了现在的样子。我在赞叹之余随口问了他的收入，顿时觉得惋惜，他比我听过的很多培训师的课程都精彩得多，但收入却不足那些培训师的1/20。所以，各个行业顶尖的人才，努力的程度其实差异不大，能力的差异也未必很大，但收入和社会阶层差别极大。

因此，选错行，不止决定了你8小时内的成长，也会在很大程度上决定你一生的走向。作为产品经理应该用产品经理的思维来判断什么样的行业有好的前景和发展趋势，用于决定自己应该投身于什么行业。具体来讲，就是用行业分析的方式来判断自己要投身的行业。

首先，要来看一个行业的天花板，也就是一个行业的规模。例如，中国移动广告行业的市场规模，如下图所示。

2015 年—2020 年中国移动广告市场规模

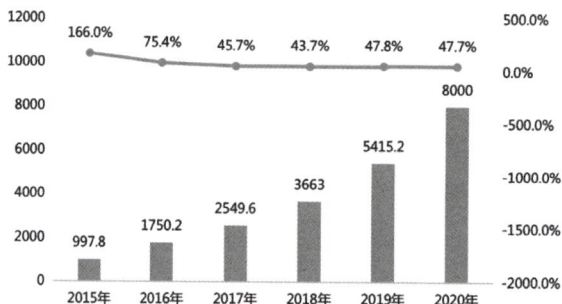

上页图预测网络广告市场在 2020 年是将近 8000 亿元的规模。8000 亿元是什么样的概念，可以拿另外几个行业进行比较。中国网络购物市场交易规模 2019 年超过 6.1 万亿元，中国直播电商交易规模 2020 年达到 1.15 万亿元，中国综合性终身教育行业市场规模 2020 年达到 1624 亿元，中国网络音频行业市场规模 2020 年达到 272.4 亿元，如下图所示。

2018 年 Q1-2021 年 Q1 中国网络购物市场交易规模

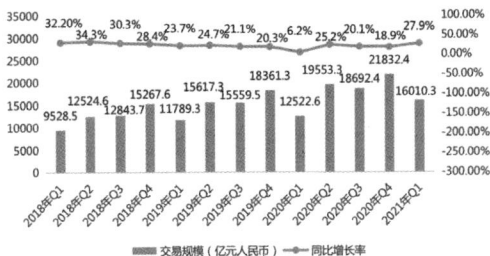

2017 年 -2022 年中国直播电商交易规模及增速

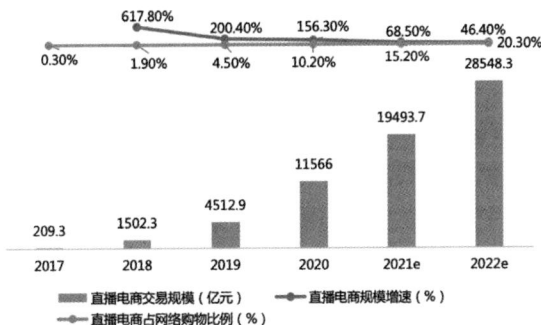

2017 年 -2023 年中国综合性终身教育行业市场规模

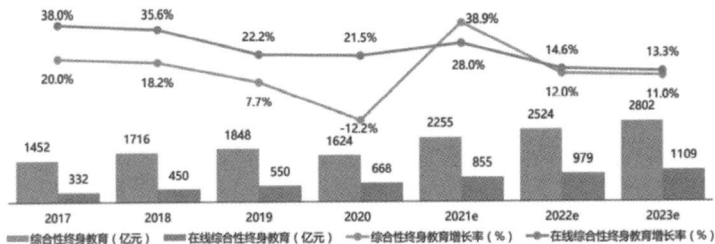

2015 年—2022 年中国网络音频行业市场规模

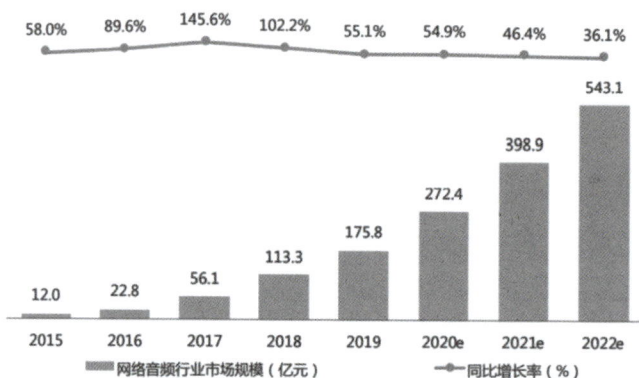

用一个表格可以更加清晰地看到各个行业之间的差异。

行业	移动广告	网络购物	直播电商交易	终身教育	网络音频
规模（单位：亿元）	8000	61000	11566	1624	272.4

这个差异意味着什么？当一个行业没有足够大的规模时，意味着这个行业的整体收益不会太多，很难养活更多的企业，更不会有大量资本投入这个行业。行业中没有太多的企业，就意味着相应的人才竞争强度较弱。人才价格会因为供需关系，围绕价值上下波动。而如果希望自身的"价格"超过价值，出现个人的收入溢价，就需要进入空间较大且增长较快的行业。因为这样的行业会催生更多的企业，进而产生更多的岗位需求。当出现大量岗位需求，并且社会提供的人才在短时间内无法满足需求的时候，才会出现人才溢价的情况，企业为了"抢人"竞相开出高价。而人才在这样的行业内，自己的劳动成果也能体现在企业发展和个人成长上，因为，越是成长快的、规模大且市场化程度高的行业，行业发展的底层动力越是依赖于真正的用户投票的结果。试想一下，在上述 5 个行业中，最大的网络购物市场拥有每年近 10 万亿元的市场规模，是由每个消费者通过一笔笔实际的消费构成的，没有政府、组织或者企业会主导消费者必须要到哪里去消费。消费者可能因为"次日到达"选择京东，也可能因为包罗万象选择淘宝，甚至可能因为经济实惠选择拼多多，选择背后都是由这些企业凝结的劳动成果构成的，而不是由谁指定的。

所以，加入诸如网络购物这样规模较大的行业，智慧和劳动成果是可以反映在最终企业发展上的。这样的结果，一是可以让工作更有意义；二是可以让劳动获得更好的回报。在互联网发展的过程中，很多企业上市后诞生成百上千的百万富翁，游戏团队年终奖发 30 多个月的工资，通过努力带来高额回报的例子。反观规模较小的行业，小未必会"美"，因为市场规模较小难以容纳较多的企业，而且也很难容下巨无霸、独角兽，毕竟"龙游浅水遭虾戏"。一些规模较小的行业，由于传统的利益结构已经相对稳定，没有足够大的力量进行降维打击，很难建构出新的商业结构，而由于行业规模的限制又很难有大的资本和企业愿意大规模投入。最终行业出现高壁垒，其中的企业稳定固守，而流动性的缩减无疑对人才的价值发挥不利。在互联网飞速发展的 20 年内，能看到程序员长期的收入较高，背后也是高速发展中对特定人才大量持续需求，和人才供给不平衡的一个写照。而现在，当互联网行业进入下半场，人工智能开始兴起的时候，就能看到传统互联网人才收入增长乏力，而 AI、算法工程师的收入水涨船高。因此，作为产品经理，想让自己达到人才溢价最好的方式，就是找到一个规模足够大且在快速增长的行业，这就像买股票一样，将资金投入健康、优质的潜力股，但这次投入的不是金钱，而是自己的时间。

2.3 行业、产业与市场

行业、产业、市场，这些名词听上去类似，但究竟有什么差别和联系呢？

行业分析是产品经理最容易忽略的一个工作环节。因为，大多数时候我们投身到一份工作中，面对的是一个个具体的任务。例如老板说："某某家产品新加了一个功能，你赶快抄一个上线。"或者同事说："咱们怎么连这个功能都没有啊？客户着急要，你赶快安排做一个。"工作环境好一些的产品经理每天面对的也是 KPI（关键绩效指标）的冰冷数据，并想方设法地进行提升。这就要求我们在低头拉车的同时，也要时不时地抬头看路。看路的目的有两个：一是，如果你有很高的志向，想做出一番事业，那就不要在一个没落或者没有增长潜力的行业中消耗生命，因为在这种行业中希望做出一番事业无异于缘木求鱼；二是，找到正确的路，这是获得人生更好结果的重要条件，人生就是一次登山的旅程，如果走错了路，最终很难登上山顶。

下面是一份自 2014 年起报纸停刊和休刊的清单。

2014 年

1 月 1 日，《新闻晚报》休刊。

4 月 25 日，《竞报》休刊。

5 月 1 日，《天天新报》休刊。

8 月 1 日，《房地产时报》休刊。

2015 年

1 月 1 日，《杂文报》停刊。

7 月 1 日，《生活新报》休刊。

7 月 11 日，香港中文报纸《新报》宣布于 7 月 12 日开始停刊。

9 月 21 日，《长株潭报》休刊。

10 月 1 日，《上海商报》休刊。

12 月 9 日，《海口晚报》更名《海口日报》。

2016 年

1 月 1 日，《今日早报》停刊。

1 月 1 日，《都市周报》休刊。

1 月 1 日，《九江晨报》停刊，共出版 1248 期。

1 月 1 日，《天天商报》休刊。

1 月 15 日，《战旗报》《战友报》《战士报》《前卫报》《前进报》《人民前线》《人民军队》完成历史使命，宣告正式停刊。

7 月 4 日，《赣东都市报》休刊。

9 月 1 日，《时代商报》休刊。

9 月 3 日，《时尚生活导报》休刊，共出版 500 期。

2017 年

1 月 1 日，《京华时报》休刊。

1 月 1 日，《东方早报》休刊。

2018 年

1 月 1 日，《北京娱乐信报》《球迷报》《大别山晨报》《皖南晨刊》《白银晚报》《台州商报》《湘潭晚报》等休刊。

1 月 1 日，《无锡商报》将永久关停，并与《无锡日报》合并。

同属天津的《渤海早报》《假日 100 天》休刊。

6 月 22 日，《西部商报》出版最后一期报纸，6 月 23 日起休刊转型。

《北京晨报》宣布出版至 2018 年 12 月 31 日后停刊。

8 月，广西少年报社和金色年华杂志社宣布注销，整合为广西共青团融媒体中心。

9 月 4 日，江苏淮安报业传媒集团旗下的《淮海晚报》发布声明，《淮海商报》将与《淮海晚报》合并出版。

《京郊日报》《黑龙江晨报》《人民公安报·消防周刊》《黄山日报·黄山晨刊》自 2018 年 12 月 29 日起停刊。

10 月 26 日，江西商报社发出"敬告读者信"：《江西商报》从 2018 年 11 月 1 日到 2019 年 4 月 30 日休刊。

12 月 29 日，《安阳晚报》出版最后一期。

2019 年

1 月 1 日起，《黑龙江晨报》停刊。

1 月 1 日，《法制晚报》休刊，整体向新媒体领域进军。

2019 年度《北京晨报》停刊，不再向读者征订。

自 2019 年 1 月 1 日起，《今晨 6 点》停刊。

《赣州晚报》《郴州新报》《新商报》《亳州新报》《新知讯报》《春城地铁报》自 2019 年元旦起停刊。

在这份名单中，不乏《京华时报》《法制晚报》《球迷报》等曾经叱咤风云的大报，为这些报刊工作的也不乏优秀的出版人和记者。但是，当一个行业进入衰退期，个人无论如何努力都难以挽回行业的颓势，所以不要做一艘正在沉没的帆船上的勇敢的水手，而是去找下一艘能载着你进入黄金航路的船。

了解行业，尤其是在了解行业阶段之后，才能更好地进行需求匹配。需求分析和挖掘是做产品非常重要的一环，也是产品经理比较熟悉的工作。但很多时候我们会发现同样的功能，别人的产品做了，而我们在公司提出一样的产品设计和意见时却惨遭否定。这里有一种可能，需求确实存在，但没有看清行业和公司发展处于哪个阶段。在提出正确需求之后，另一个很关键但却容易被忽略的工作就是匹配需求。在行业和产品的不同发展阶段，发展的重点是不同的，这就需要匹配不同的需求，再决定是否在这个阶段做。

AI 这种在摸索成长期的产业就是技术刚刚成型，产品要进行大量试错，找到行业的应用场景，这个阶段的产品经理就需要对技术有较深的理解，将最新的技术对接市场需求进行快速产品验证，此时可能会出现很多一夜爆红的产品。例如，在 2019 年 9 月突然爆红的 ZAO App，就是利用了 AI 的一个开源框架——Deepfake 的换脸功能进行的二次开发和产品化，用户可以将明星或者偶像的脸换成自己的脸，过一把明星瘾。这需要产品经理能够把握技术的边界，并且很敏感地适配在产品上。

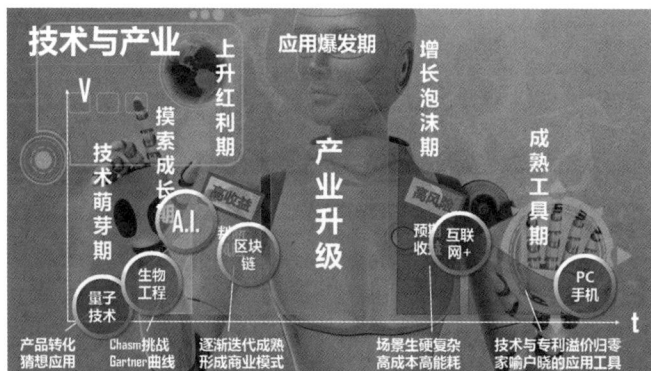

　　而如果产业阶段已经进入成熟工具期，就像我们说互联网行业已经进入下半场，此时的特点在于，流量的布局已经基本确定，而用户的心智已经养成习惯，不需要再教育，迁移成本已经足够高。产品经理在这个阶段要去重点做的工作就是进行收入变现，商业化是对这个阶段的产品经理的要求。商业敏感度对商业变现方式的经验就成了这个阶段产品经理的核心需求。

商业产品经理的招聘，往往在后续轮次企业和成熟行业赛道匹配行业的发展阶段，在对的时间做对的事情，才能达成对的结果。很多经验丰富的产品经理更换行业后不能适应，折戟沉沙。他们有的是因为对于行业知识不甚了解，而更多的是因为对于新入行业所处的阶段没有足够的意识和判断，用旧有的知识和经验生搬硬套，最后"淮南为橘，淮北为枳"却仍然感慨以前的经验都是成立的。这就是所谓的"我们都没错，只是不适合"。唯有适应行业发展阶段且适合用户需求的才是最好的，所以我们身处一个行业，就要随时观察自己行业的发展状态，从而决定是继续留在这个行业，还是考虑换一个新的领域，如果要继续留在这个行业，也要根据行业的发展阶段来匹配自己的工作。我们经常提及的行业、产业、市场都是什么概念，有什么差别？做专业的产品经理就要"咬文嚼字"，现在我们来聊一聊"行业""产业"和"市场"。

首先，行业是指一组提供同类相互密切替代的商品或服务的公司。例如教育行业就是一组提供教育产品或者教育服务的公司；餐饮行业就是一组提供餐饮服务的公司。

而产业是指，具有某种同类属性的经济活动的集合体。产业与行业的差异在于，从着眼点的层次上看是由高到低的，从概念的涉及范围看是由大到小的。产业的着眼点是生产力布局的宏观领域，体现的是以产业为单位的生产力布局上的社会分工，产业由行业组成。行业的着眼点是企业或组织生产产品的微观领域，体现的是以行业为单位的产品生产上的社会分工，行业由企业或组织组成。此外，行业经济、产业经济存在着从属的关系：（1）一个产业包括多个行业，但一个行业只能从属于一个产业，产业是行业的总和；（2）经济活动是产业的总和，如信息产业包括媒体业、出版业、互联网业，但后者都只能属于信息产业，不会属于其他产业。因此，可以说产业大于行业。

而市场和行业的最大差别在于，行业由提供可替代商品的公司构成，市场由消费者和其需求构成。

市场与行业之间的关系如下图所示。公司和产品组成了行业，消费者和需求组成了市场，而产品与需求的匹配构成了交易过程。

例如，我做的炒饭超级好吃，那么想吃炒饭的人们就构成了炒饭市场，而生产炒饭的公司就构成炒饭行业，我们还可以从宏观和微观两个角度进行分析。

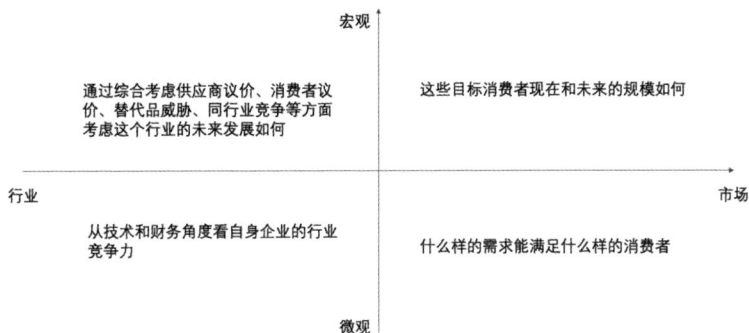

所谓"宏观"就是站在整体、全局的角度去思考、分析问题。宏观行业分析需要考虑的是行业发展状态、趋势、容量，以及对这个行业发展高度相关的上下游竞争情况。

中国电影行业 2014 年—2023 年的行业预测报告如下图所示，体现的数字就是在这个行业中，企业通过售卖产品和服务获取的收入规模。宏观的市场关注的是目标消费者在现在和未来的规模。

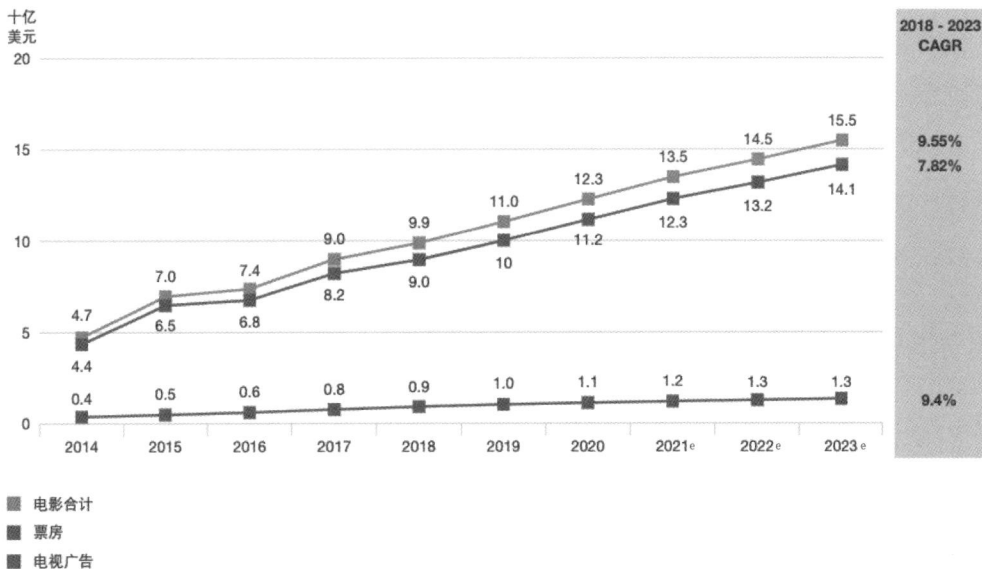

资料来源：
PwC, Ovum, European Audio Visual Observatory

2010 年—2018 年中国母婴家庭人群规模如下图所示。如果某产品的目标用户群是这个群体，就能看到这个用户群在这个时间段中的规模和变化趋势。通过这个区别即可一目了然地看到行业关注的是企业和收入规模，而市场关注的是人群和需求规模。微观分析更多关注的是具体公司的竞争情况和具体的用户需求。微观的行业分析更多会从技术和财务的角度出发，观察企业的竞争力。而微观的市场分析要考虑的是什么样的具体需求，可以满足目标用户的需求。

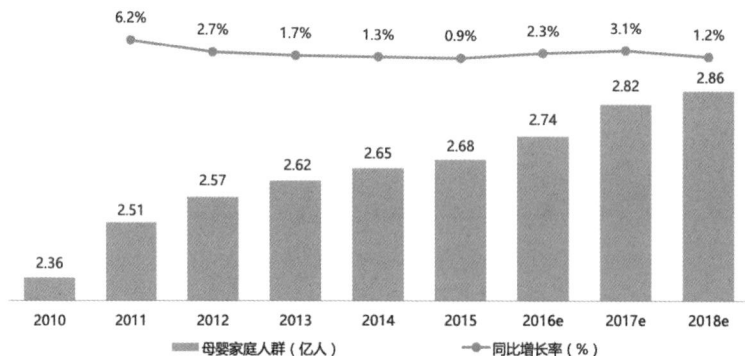

我们依然用炒饭为例，来看宏观和微观的行业及市场分析的具体讨论内容。

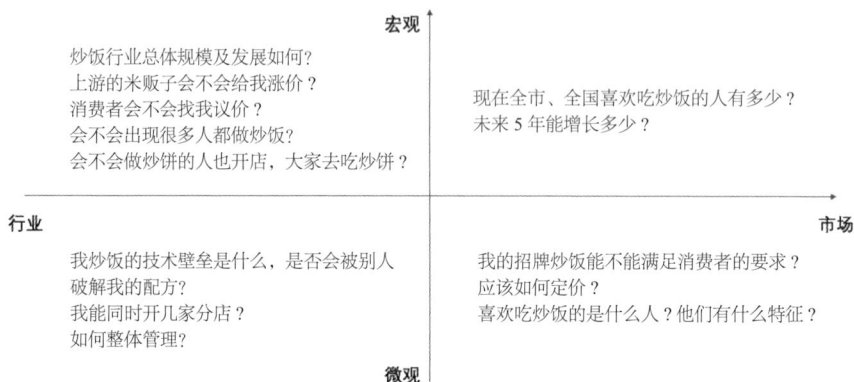

在宏观层面的行业分析中，要思考的是炒饭行业的总体规模和发展趋势。另外，要考虑这个行业的上下游对于行业发展的议价权。炒饭行业的主要生产资料是米，那么上游的供应商就是米贩子（粮油企业），如果米贩子不再卖给炒饭行业米或者整体大幅度涨价，这对于炒饭行业无疑是灭顶之灾。此时就要考虑如果炒饭行业非常赚钱，米贩子会不会因为掌握了上游供应链，眼红炒饭行业的蒸蒸日上，而利用自己的原材料优势杀入这个行业。同时也要考虑有没有办法避免这样的情况发生。当然也要考虑下游也就是消费者的议价能力，消费者会不会有客大欺店的情况，造成被随意杀价导致的利润下降。同时，还要防范新进入的竞争对手，例如绝大多数的互联网创业公司都会经历投资人这样的灵魂拷问："如果 BAT（中国三大互联网公司——百度、腾讯、阿里巴巴）进入你的行业，你会怎么办？"除了 BAT，拥有特殊行业资源的企业也可能成为行业竞争的搅局者，例如在这个炒饭行业的米贩子。另外，还需要考虑是否有一种可能，就是在其他炒饭企业杀得刺刀见红的竞争时刻，炒饭被以前没有认为是竞争对手的产品替代（例如炒饼）。马云说过，"拿着望远镜也找不到竞争对手"，乍一看是一种傲慢，其实是对替代性产品竞争的焦虑。

下图是短视频、综合视频和视频直播的 DAU（日活跃用户数量）趋势图。所谓的综合视频，是指包括电影、电视剧、综艺节目、动漫电影的所有长视频类型的内容。在爱奇艺、优酷、腾讯视频杀得不可开交的时刻，2018 年 2 月 15 日短视频的 DAU 超越了长视频，并且这个差距还在拉大。对于用户来讲，并没有长视频、短视频之类的概念区分，而他们心中有一个"文娱时间账号"，每天会花一定的时间在这个板块上。究竟视频内容是长是短、是横是竖，是投资几亿一群明星兄弟的奔跑，还是一个"五毛钱"特效制作的网红演绎的一段土味情话，用户只会笼统地用时间去投票。因为这些类型的产品解决的都是用户"打发时间，获得快乐"的需求，对于炒饭行业就要思考如果有一天炒饼行业杀进来会怎样？更恐怖的是，有可能半路杀出一个"炒馒头"行业。如果它获得了用户的喜爱，那么整个炒饭行业的格局也许就被彻底颠覆。

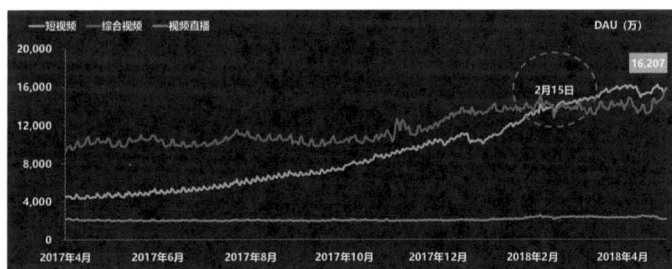

宏观市场要考虑的是现在全市、全国吃炒饭的、喜欢吃炒饭的、潜在吃炒饭的人群有多大，未来又会怎样变化。

微观行业就要考虑自己炒饭的技术壁垒在哪些方面，是掌握了独家的配方，还是生产工具（锅）与众不同且无法复制，还是自己的炒饭技术世代单传，别人不会。还有就是这个炒饭的商业模式如何扩张，是通过直营连锁还是加盟扩大经营，如果扩张，如何进行供应链管理、品质管理、标准化，以及技术输出之后的版权保护。

除此之外，还要考虑究竟哪款炒饭最符合消费者的普遍需求，应该用香肠炒饭，还是海鲜炒饭作为主打爆款。定价策略如何操作，是以低毛利、低客单价进入市场获得好口碑，还是用高客单价做出品质感并占领消费者心智。还有，自己的目标受众到底是什么人，是男是女，是老是少。炒饭是外卖，还是堂食，在什么场景下吃，是商务宴请，还是朋友聚会，这些都是我们要考虑的。

区分市场和行业最大的价值就在于，在思考一个产品时，要从行业着眼，关注容量和发展速度，从而确定是否值得进入，以及如何进行企业竞争。在进行产品设计时，还要从市场着手，关注消费者的需求。

2.4 如何分析行业

在行业、产业和市场中，与我们选择投身的职业最为相关的就是行业了，那么我们来看看如何分析一个行业是否有发展前景。

在谈了分析行业的意义以及行业究竟是什么后，下面就要说说如何分析行业。完整的行业分析有 6 部分，分别是确立目的、资料收集、趋势分析、发展阶段分析、产业链分析以及 PEST 分析。

1. 确立目的

首先要确立目的，值得强调的是，在做产品的各个阶段并完成各种任务时首先都要确立目的。产品的迭代升级是一个确立目的、挖掘分析、制定计划、执行项目、数据反馈、跟踪复盘的过程。在这个过程中，产品不断迭代进步，而产品经理的思维和认知也在同时迭代进步。前面的"确立目的"在工作过程中就成了一座灯塔，试想如果我们想提高 DAU（日活跃用户数量）并经过了一番计划和开发，最终上线后 DAU 没有任何变化，而 GMV（成交总额）提升了 20%，这是坏事还是好事呢？从产品的发展上看，肯定是一件好事。如果在 GMV 提高的同时，DAU 没有降低，总体来讲是在向好的方向发展。但从另外一个角度来看，我们需要在这个过程中修正认知，为什么做了原本认为可以提高 DAU 的事情，DAU 却没有变化；究竟做什么才能切实地提升 DAU；为什么这样的变化提升了 GMV，提升 GMV 的深层原因是什么，如果还要继续提升 GMV，这次的变化可以给出什么样的启发。产品经理个人能力的提升，核心就是判断能力的提升，而判断能力的提升来源就是在"目的→结果"这个反馈闭环中得到的认知，而不是凭着"感觉"和"巧合"去做产品。产品经理如果长期不去有意识地建立这个反馈闭环，就会出现从产品专员开始做起，10 年后还在做产品专员，而有的人却成了产品总监，这就是"资深"产品专员和产品总监的差别。言归正传，行业分析的第一步就是确立目的，在一个公司的产品岗位进行行业分析，大多数情况下是在项目立项时进行的，目的往往是证明一个行业的容量和发展速度。在这个环节中有一个关键点，就是要"有目的，无预设"。

行业	目的	预设
视频行业（to C）	分析视频行业广告趋势，制定下一阶段广告产品的方向	我要做一个中插广告方案，找一些行业数据佐证
供应链（to B）	分析电商、制造业趋势，找到新的收益增长点	老板让我做 BP（商业计划书），找一些证明公司业务的数据

通过上表，我们可以一目了然地看到目的和预设的差别。例如，如果你是一个视频行业的产品经理，当需要设计新的广告产品时，就需要做广告的行业分析。正确的目的是通过分析广告行业趋势和视频行业广告趋势来制定下一阶段广告产品的方向。而预设就是，心中已经有了一个明确的产品方向，例如你想做的就是"在电视剧播出的过程中，增加一个 30 秒的中插广告"，在这个预设下做行业研究，你的目的就会被扭曲成"我要做中插广告方案，找一些行业数据来佐证"。做产品很重要的一个逻辑，就是要去做正确的事情，而不是正确地做事。无论推论多么严谨，案例多么翔实、充分，如果论点的思路是错误的，去做这样注定南辕北辙的产品无异于谋财害命。而如果带着前提预设去做行业分析，一个人的所有思路都变成了要去证明自己的想法，在这个过程中找到的所有论据和信息都会更加趋向于加强自己的观点，而对于反方向的信息会更多地"视而不见"。同样，如果你是一个供应链的产品经理，如果目的放在"寻找新的业务收益增长点"，那么你在进行行业分析时，就会通过对电商业、制造业、传统供应链行业的发展趋势的研究找到新的收益增长点。如果发现这个行业确实没有新的机会，也可以及时考虑自己的未来。但如果你的目的是"为老板的商业计划书找到证明我们走的路是对的"数据，很难保证你不会自我催眠登上一条正在沉没中的船。因为数据不会说话，所以数据怎么解读、怎么使用全在人的一念之间，而作为产品经理不是要把所有产品、所有项目做成，而是找到真正值得做的事情来为之奋斗。

2. 资料收集

确立了分析目的之后，第二步是资料收集。信息的收集、获取也是产品经理的一个重要能力。从古到今，战争的胜利都绝不只是靠着一腔孤勇，而是靠情报、后勤、战场指挥的综合作用。信息的收集分为两大类：一手信息和二手信息。一手信息主要包括数据抓取和专家访谈两种方式。

数据抓取是通过设定规则，通过程序自动抓取行业中企业产品的实际运营数据。例如，内容视频化是一个行业趋势，而淘宝在 2017 年开启了商品头图上传短视频的功能，后续京东等平台也在视频功能上进行了跟进，如果想了解商品头图更换视频的比例，依靠人工目测无疑是一个过于浩大的工程，淘宝图片与视频的对比如下图所示。

有视频的商品详情页

只有图片的商品详情页

在这种情况下，我们就应该借助数据抓取，通过程序自动进行抓取、清洗、分析。下图就是我制作的一个针对电商平台的抓取爬虫输出的结果。

商品名称(name)	商品现价(	品牌(bran	商品分类(categories)	店铺名称(shop_name)	评分（总分	累计评价数(comments_count)	有否视频
欧莱雅LOREAL 男士矿漠泥长效控油洁面乳 100ml（洗面奶男 去除污染颗粒 男士洗面奶）	39.00	欧莱雅（L	["美妆护肤","男士面部护肤","男士洁面","欧莱雅	欧莱雅京东自营官方旗舰店	100	223871	Y
百雀羚 水嫩精纯明星美肌水100ml（滋肌润醒，补水保湿）（新老包装随机）	122.00	百雀羚（P	["美妆护肤","面部护肤","爽肤水/化妆水","百雀	百雀羚旗舰店京东自营官方店	100	171282	Y
曼秀雷敦 保湿水凝霜男士面霜保湿男士护肤品补水精华清爽质地润而不腻乳液50ml（新老包装随机发货）	88.00	曼秀雷敦	["美妆护肤","男士面部护肤","男士乳液/面霜","	曼秀雷敦自营官方旗舰店	100	358931	N
列伽 迷彩牛仔夹克外套男装秋冬新款个性百搭休闲加绒加厚日系迷彩夹克短外套男大码潮 黑色常规款 XL	138.00	列伽（RUN	["服饰内衣","男装","夹克","列伽（RUNGLAAZ）"	笙辉服饰专营店	100	650	Y
AR 牛仔外套男加绒 2018秋冬复古牛仔夹克男加绒外套 男士短款修身牛仔褂 1608加绒深蓝色 L	159.00	AR	["服饰内衣","男装","夹克","AR"]	妍酷男装专营店	100	4839	N
莫礼安夹克男外套男秋冬2018新款加绒加厚时尚男装韩版户外棉上衣服 军绿色 XL	168.00	莫礼安	["服饰内衣","男装","夹克","莫礼安"]	莫礼安旗舰店	100	1490	Y
吉普JEEP夹克男外套立领开衫纯棉卫衣男装上衣夹克衫2018秋季新品商务休闲男夹克 11845619002宝蓝色	168.00	吉普（JEE	["服饰内衣","男装","夹克","吉普（JEEP）"]	易智迎达服饰专营店	100	3251	Y
吉普盾（NIAN JEEP） 新款立领夹克男加绒皮衣男士外套8726 黑色 XL	198.00	吉普盾（N	["服饰内衣","男装","夹克","吉普盾（NIAN JEE	CARTELO专营店	100	7202	N
南极人秋季夹克男立领商务休闲外套2018新品上衣男装 常规款米色 XL	158.00	南极人（N	["服饰内衣","男装","夹克","南极人（Nanjiren	南极人羽绒服旗舰店	100	785	N
花花公子长袖T恤男士男装翻领条纹保暖上衣2018秋季新品男款中年休闲薄款爸爸装打底衫大码秋装 灰色0	188.00	花花公子	["服饰内衣","男装","T恤","花花公子（PLAYBOY	花花公子若木专卖店	100	0	N
太子龙 牛仔夹克男2018秋冬新品港风休闲潮流男士夹克日系假两件韩版修身破洞青少年连帽男装牛仔外套	159.00	太子龍（T	["服饰内衣","男装","夹克","太子龍（TEDELONE	瑞匕丞（杭州）服饰专营店	100	705	N
穆杉夹克男外套男秋季修身2018新款男装立领棒球服夹克衫 灰色837 3XL	129.00	穆杉	["服饰内衣","男装","夹克","穆杉"]	穆杉旗舰店	100	1803	Y
沼泽地 外套男薄款2018春秋季新款男士韩版修身皮夹克连帽飞行衣服棒球服青少年学生男装防晒衣宽松短	198.00	沼泽地	["服饰内衣","男装","夹克","沼泽地"]	晨唐男装专营店	100	635	N
花花公子夹克男连帽修身纯色休闲百搭青年秋季外套男装上衣 黑色 XL	269.00	花花公子	["服饰内衣","男装","夹克","花花公子（PLAYBOY	花花公子蜜蜂专卖店	100	1284	Y
雅男基地夹克男薄款外套2018秋装新款男装棒球领休闲上衣潮流衣服 黑色 XL	138.00	雅男基地	["服饰内衣","男装","夹克","雅男基地（YANANJI	卡圣男装专营店	100	8297	N
A318 夹克男春秋季2018新款韩版潮流秋冬季帅气牛仔外衣薄款男装男士加绒外套衣服 军绿色 XL	168.00	A318	["服饰内衣","男装","夹克","A318"]	六月男装专营店	100	612	Y

什么样的商品，属于什么品牌、什么价格，包括店铺、点评的情况，是否有视频都可以做到一目了然，配合定时程序，还可以每日抓取，生成每日覆盖率变化的图表。除此之外，也可以通过是否有视频继续分析其对评价数、价格影响的变化，可以说非常方便。在此，建议多花一些时间学习数据抓取的方法。

数据抓取是分析行业时的定量方法，而定性方式就要靠专家访谈了。先来说说什么是专家，所谓“专家”不是指大学教授，而是你所在行业中的资深行家。可以通过两个方向去寻找这样的专家，一是已经做了类似项目的先行者，如果他愿意和你敞开心扉，谈谈他一路走来遇到的种种“坑”，那么对你做产品的作用将是非常巨大的；第二种是你要做的项目中传统领域的资深人士。互联网行业进入下半场有一个特征，就是越来越多的项目开始和传统行业结合，成为“互联网 +”

的项目。在这类项目中，传统行业中有大量做了几十年的专家，向他们请教对这个行业的认知将让你受益匪浅。因为互联网并不创造新的用户需求，互联网只是把几百甚至几千年前就有的用户需求用互联网的方式更有效率地满足。例如，微信满足的是人与人沟通的需求，这个需求基本从智人时代就产生了，距今已经几十万年了；电商满足的是人们对商品交换的需求，这个需求从产生私有化开始就产生了，距今也有几千年。所以，我们和传统行业的行家沟通，能更多地了解这个行业真正的需求、真实的痛点，最大限度地避免闭门造车，想当然地创造需求或者把一个小的、轻的需求想象成大的、痛的需求。我曾在做一个与美食相关的项目时，访谈过近百位烹饪大师、餐厅服务员、餐饮店老板、餐饮供应链从业者、餐饮企业投资人，发现自己设计的模式自认为横空出世地解决了餐饮企业的问题，但在实际的访谈沟通中才发现，并不是这个行业所需要的。这让我一度非常痛苦，但一位朋友的一句话点醒了我："最可怕的不是你发现自己做错了，而是你付出努力做了一个项目，在市场真正检验的时候才发现错了。"的确，被访谈打脸远远好过被市场和现实打脸，之后，我也在继续的访谈中找到了这个行业真实的需求，这才是行业调研最重要的目的。在这个过程中，同样要牢记"有目的，无预设"，如果有一个强烈想要证明自己的想法的预设，你访谈的专家也难免会被你影响，为了照顾你的情绪给你一些让你当时舒服的反馈，而这些虚无的反馈除了能让你走一段弯路，并无其他意义。

二手信息比起一手信息是我们更常用也更容易获取到的信息，其主要分为两大类：行业信息和公司信息。行业信息可以从以下渠道获取。

官方统计数据：包括国家统计局、中国人民银行、教育部、CNNIC（中国互联网络信息中心）等发布的数据。这类渠道的特点是作为国家数据，其权威性非常高，而且是最宏观的数据。一些人口级别、国家级别的数据，大多来源于此。例如，如果要查询 K12（学前教育至高中教育）人群 5 年内的变化和总量，最根本的来源就是国家统计局的人口普查数据，人口普查每十年进行一次，在统计局的官网上提供了非常详细的年龄（到每一年）、性别、省市、民族等数据，可以说非常详细。同样，如果要查询中国互联网网民总体数量和发展情况，CNNIC 作为官方数据的准确性和权威性是最高的。但官方统计渠道也有一些不足，就是太偏于宏观，微观数据呈现不足，在使用中需要与其他数据相互补充。

咨询公司数据：这个渠道的数据是产品经理使用率最高的。比较有名的咨询公司包括艾瑞、易观、德勤、BCG 等。这种数据渠道的优势很多，例如，数据的全面性比较高，在分行业解读之后使用起来比原始数据更方便，而且大多数咨询公司提供的不只是数据，还增加了对数据和行业的解读，可读性较高。例如，我们前面引用的广告、电商、数字阅读等行业的数据报告，就是引用艾瑞公司的数据。建议你无论从事的是什么行业，都要经常到这类渠道的官方网站查看最新的报告，一定会给你带来很多启发。

但此渠道也有一些不足，就是这些报告大多已经有了自己的解读，尽管方便，但观点本身是来源于分析员的，并不完全是行业专家的判断，因此采用时需要辩证思考。而且，有些行业报告是咨询公司和行业内企业联合制作的，虽然可以从企业一线获得一些更有现场感的信息，但同时这些报告都难免对行业进行偏乐观的评估。

券商和投资机构： 行业研究可以说是券商和投资机构的本行，现在很多优秀的投资机构也开始把自己做的行业研究报告对外公布。此类报告和咨询公司的报告相比，由于投资机构的分析师要考虑到行业的投资价值，所以报告本身的实战性更强，总体价值更高。但由于这类报告不太考虑其可读性，所以在一些内容的呈现和沟通方式上，不如咨询公司的数据报告。在这个渠道，JPMorgan、招商证券、浙飞研报等都是各界翘楚。

东兴证券的旅游行业研究报告

行业协会： 现在，很多互联网产品都需要和传统产业相结合，传统产业本身的数据和报告可以从相关行业协会的官网找到。例如，中国茶叶流通协会发布的《中国茶行业发展报告》、中国汽车流通协会发布的《二手车经销商生存状况和营商环境调查》等。作为产品经理，除了要了解互联网，也需要对"互联网+"的对应行业有所了解，并且有些互联网企业和行业协会联合发布的报告，综合价值更高，尤其要认真阅读、参考。

业内公司： 现在，BAT 级别的企业也开始建立自己的数据研究院，并定期披露研究数据，包括企鹅智库、阿里研究院和百度数据研究中心。这个渠道最大的价值在于，很多数据都是真正的一手数据，甚至有些数据是真实运营的大数据在脱敏后得出的，所以数据本身的准确度相比第三方的抽样数据更准确。但同样由于采用一线公司的内部数据，对其自身没有覆盖的数据反而覆盖度最低，而且，毕竟它们是行业中的运动员，其观点难免片面，所以也需要综合参考其他内容进行评判。企鹅智库出品的视频网站付费用户调查报告，如下图所示。

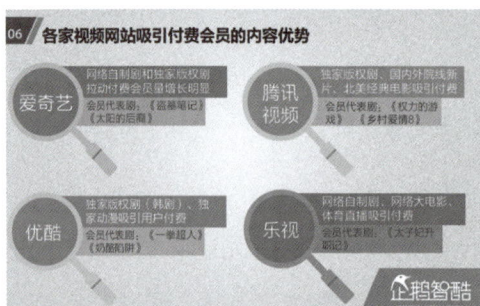

媒体网站： 包括 36Kr、199IT、芥末堆等互联网行业媒体，作为产品经理除了可以从这些网站获得最新的行业资讯，也可以找到行业分析报告。这类渠道的优势在于，综合性非常强，而且由于其媒体的特性，实时性也比较强，除了数据和分析，其观点也显得尤其突出和犀利。网易财经制作的《2014 中国信用卡报告》，如右图所示。

以上的六大渠道，基本覆盖了比较主流的行业信息和数据来源。另外，还有一些渠道可以比较方便地查询公司和产品的信息，也可以在进行行业分析时参考。这类渠道主要有 3 种：上市公司年报、非上市公司渠道和产品数据。

上市公司年报： 披露信息是上市公司的义务，因此，年报就成了了解一个行业中上市公司运营情况的最佳方式。产品经理应该学会解读年报，除了可以有一个很好的渠道，了解竞争对手和行业，还可以对个人的投资起到很好的作用。之前我和一位视频行业上市企业的产品同行（下简称 S 人）沟通，有过这样一番对话——

我："你们今年大剧的采购应该不会太多吧，估计要走自制的策略吧？"

同行："是啊，今年采购预算被削减得挺厉害，确实要靠自制了，不过自制类的预算也不高，估计请不了大明星，不好办啊。"

我："也确实不好办，毕竟你们去年广告收入环比还在下行，现在的大环境也不好，整个品牌广告行业都不景气，你们缩减预算也是没办法的事情。"

同行："是，确实不好卖，尤其是下半年，广告空置率比较高。"

我："估计你们要在信息流广告上下功夫了吧，后面配合短视频，成本也低，而且也符合趋势。"

同行："是啊，信息流广告系统已经做得差不多了，最近就要上线，首页也要大改版，向短视频方向改。"

同行："诶，你怎么知道的这些，听谁说的？"

我："哦，你们去年财报上写的啊。"

下图是同行的公司年报披露的 2018 年公司的重要业绩，品牌广告收入下降了 26%。

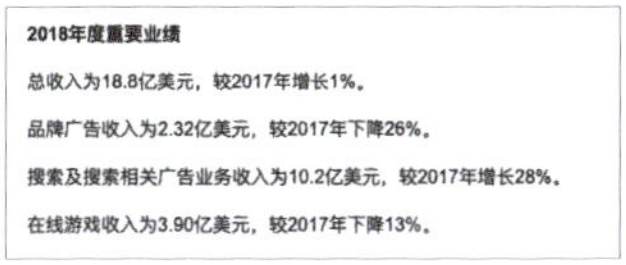

2018年度重要业绩

总收入为18.8亿美元，较2017年增长1%。

品牌广告收入为2.32亿美元，较2017年下降26%。

搜索及搜索相关广告业务收入为10.2亿美元，较2017年增长28%。

在线游戏收入为3.90亿美元，较2017年下降13%。

"我们专注于自制内容的生产，为用户提供独特和高品质剧集和综艺节目。同时，我们大幅削减了传统版权内容的采购，视频板块同比减亏超过 50%。"

——这是年报披露时，同行的公司 CEO 对年报进行的评论。

可以说读懂了年报，一个上市公司的策略和业绩变化就可以清晰地呈现在眼前了。这类报告可以在企业官网、同花顺、雪球等平台上看到，优势在于关键数据的价值很高，但信息较为碎片化，需要进行解读。

非上市公司：非上市公司的企业信息可以通过企业官网、企查查、IT 桔子等渠道获得。

IT 桔子平台可以方便地查询到企业状态、核心团队、竞品分析、投融资情况等。

在这里要额外讲解的是，从企业官网尤其是从事服务类产品的企业官网上可以获得非常多的行业信息，很多公司甚至把战略 PPT 都放上去了，下面是分析解读的方法。

首先，这类官网的结构和模式类似，都遵循了焦点图＋导航的方式，而且导航都是“首页”“产品”“案例”“关于我们”等。在焦点图上，一般会写明自己的战略和目标。

ETCP（无人收费智慧停车平台）是一家专注智能停车场项目的企业，在其官网首页就写明了企业的使命和愿景。

使命：让物业愉悦管车，让车主愉悦用车。

愿景：成为优质互联网停车场运营商，让停车更美好，改变车主用车方式。

同时也可以非常明确地看到，这家企业提供的产品有两类受众：停车场与车主。企业核心提供的产品，一般会在焦点图下首页的第二屏位置。

从上页图可以看出，ETCP 提供 3 类产品：对车主的车主产品、对停车场的车场平台，以及企业合作。在导航中的"产品"页面，把产品细节和范围更加详细地展示了出来。

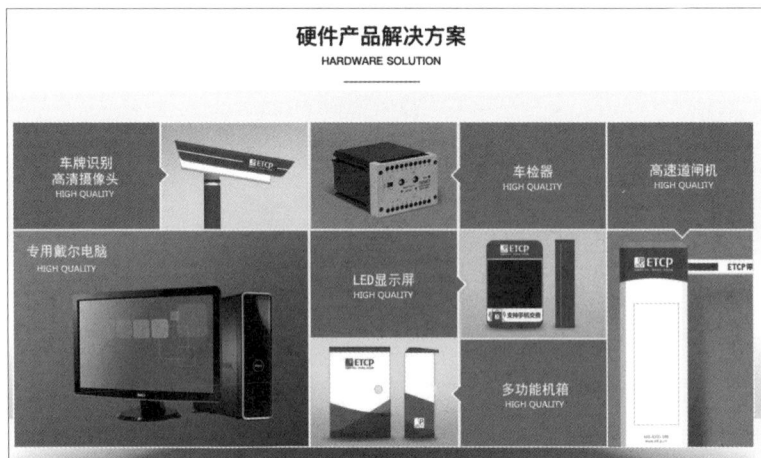

通过上图能够很清楚地看到 ETCP 的产品包括哪些部分，以及软硬件互相配合的方式。更有甚者，会把自己的架构图抛出来。

有些企业官网还会展示一些自己行业的分析与比较。

通过这些内容，很容易看出城市分布（一线还是二三线）、类型分布（居民区、商业区、办公区）、是否已有全国性品牌进入（大悦城、中粮等）。要知道这些内容都是在这个行业浸染多年的专家殚精竭虑设计出来的，所以做行业研究的时候多对这个行业中的企业官网进行研究，会达到事半功倍的效果。

产品数据：可以从一些第三方监测平台提供的数据中找到，如 AppAnnie、友盟、Questmobile 等。它们会定期提供一些脱敏的注册用户、日活跃用户的数据。如果购买付费服务，还会提供实时性更强的数据。

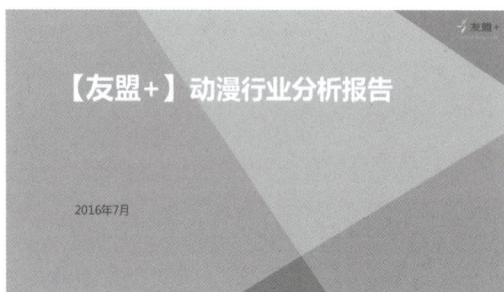

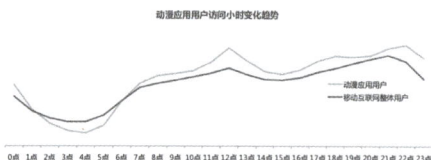

下表总结了第三方机构的各种渠道和特点，以方便查询。

信息类型	途径	渠道	示例	评价
行业信息	官方统计数据	国家统计局、中国人民银行、教育部、CNNIC 等	《中国统计年鉴》《中国互联网发展状况统计报告》	数据权威、更宏观，但不够精细
	咨询公司	艾瑞、易观、BCG 等	《2016 中国移动社交电商发展专题研究报告》	较全面，需要注意数据真实性
	券商 / 投资机构	招商证券、浙飞研报、JPMorgan 等	《彩票行业前世今生风云录》	面向实战，价值较高，需要解读
	行业协会	中国茶叶流通协会、中国汽车流通协会等	《中国茶行业发展报告》	数据较翔实、全面
	业内公司	腾讯企鹅智库、阿里研究院、百度数据研究中心等	《千亿美元市场"掘金指南"》	一手数据，但数据源不全面，观点带有片面性
	媒体网站	36Kr、199IT、芥末堆等	《2014 中国信用卡报告》	较为综合、及时，观点突出

续表

信息类型	途径	渠道	示例	评价
公司 / 产品信息	上市公司年报	企业官网、交易所、雪球等	招股书、年报	关键数据价值高，信息较为碎片化，需要解读
	非上市公司	企业官网、企查查、IT 桔子等	工商信息、投融资信息、企业产品信息等	不全面，供参考
	产品数据	AppAnnie、友盟、Questmobile 等	DAU、注册用户	部分收费

3. 趋势分析

在趋势分析中，要完成 4 个步骤：看总体规模、看细分规模、看变化趋势、看细分此消彼长。

总体规模在上文已初步介绍过，最重要的是要看到一个行业的总体规模。

2015—2022年中国移动广告市场规模

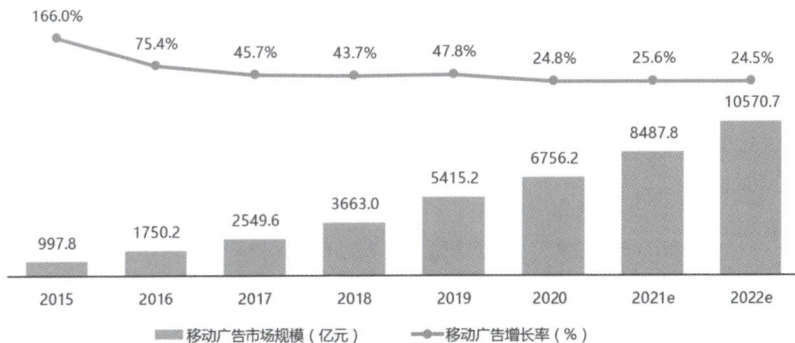

对于一个行业而言，千亿元以上的规模是比较有吸引力的。为什么是千亿元，我们可以将这个数字进行反向推导，如果每个用户每年的 ARPU 值（会员类产品年费）是 200 元，千亿元的市场规模可以为 5 亿用户服务。在 2018 年年底，中国网民数量是 8.29 亿，也就是有半数以上的用户使用产品，这样的行业才能称为有足够体量的行业。更重要的是，只有有足够的体量才能在这个行业中孕育足够多的企业并产生竞争，从而促使企业加大研发和市场投入，而研发和市场投入又会进一步提升产品品质和用户体验以及产品品牌，进而改变用户心智，呈现一个正向循环的状态。如果一个行业的体量太小，就会像在一个生物种群中，如果个体数量太少就会出现竞争压力下降，继而出现种群退化的现象。因此，趋势分析的第一步就在于对行业的规模体量做出评估。

　　第二步是要看细分市场的规模。因为产品和公司在整个行业中只能占据一个细分的赛道，所以总体的规模只能看到行业总体的天花板，而不能作为产品的规模来看待。在这一步中找准自己的定位是非常重要的。从市场中找到大的行业很容易，例如广告市场，那么定位所有广告市场、网络广告市场这些都很容易，因为在行业核心词（广告）上加简单的定语（网络、移动）是非常简单的，而产品经理的专业性就在于对行业细分了解的颗粒度可以精细到什么程度。就以移动广告行业来说，在产业结构中，包含若干角色，从大处着眼从小处着手，定位到需要细分的板块，再进行相应的分析是这一步最关键的一环。

2018年移动营销行业的产业链图谱

　　在这里可以用短视频营销市场为例进行细分行业研究。从感受上来讲，短视频行业是非常火爆的，无论是抖音、快手，还是新兴的 Vlog 模式都是 2018 年—2019 年市场上的"当红炸子鸡"，大量的产品都有短视频化的趋势。那么，从定量上看，这个行业在商业变现角度营销板块的效果是什么样的，如图所示。

2015 年—2020 年中国短视频营销市场规模

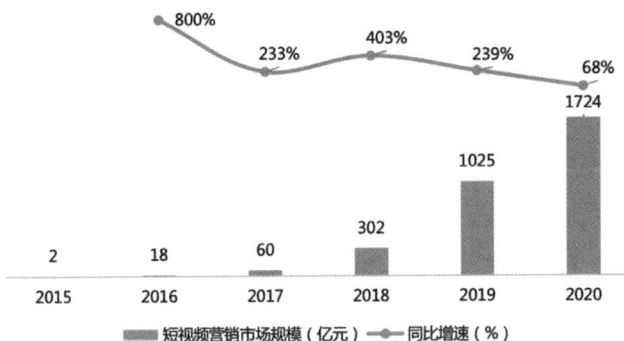

800% 233% 403% 239% 68%

| | 2015 | 2016 | 2017 | 2018 | 2019 | 2020 |
| 短视频营销市场规模（亿元） | 2 | 18 | 60 | 302 | 1025 | 1724 |

■ 短视频营销市场规模（亿元） ── 同比增速（%）

2018 年的中国短视频营销市场规模在 302 亿元，2019 年规模会提升到 1025 亿元。这个数字从绝对数量上并不算大，甚至在移动营销领域的占比都不到 10%，这样的状态有没有机会？这里就要引入第三个分析步骤——看变化趋势。

什么是看变化趋势？就是用发展的眼光看待一个行业。天花板意味着这个行业做到最大的总体容量，而变化趋势代表了发展的速度和状态。就像炒股，如果关注公司总体价值和单股价格的人，肯定没有关注个股和行业板块变化趋势多。如果说对总体规模的分析和评估是为了决定这个行业是否值得进入，那么趋势的分析就是应该在什么时间进入。

还是先看移动广告市场规模的趋势。中国移动广告市场总量 2019 年为 5415.2 亿元，2020 年为 6756.2 亿元，环比提高 24.8%。

2015 –2022年中国移动广告市场规模

166.0% 75.4% 45.7% 43.7% 47.8% 24.8% 25.6% 24.5%

| | 2015 | 2016 | 2017 | 2018 | 2019 | 2020 | 2021e | 2022e |
| 移动广告市场规模（亿元） | 997.8 | 1750.2 | 2549.6 | 3663.0 | 5415.2 | 6756.2 | 8487.8 | 10570.7 |

■ 移动广告市场规模（亿元） ── 移动广告增长率（%）

再来看短视频营销规模及预测，2018 年增速高达 43.7%。这样的速度如果在股市中必然是已经连续若干个涨停板的潜力股，但光看到这样惊人的增速还不够。巴菲特把他的投资哲学总结为"找到足够湿的雪和足够长的雪道"。只有增速是不够的，有可能是昙花一现的短期行业，我们除了要看短期增速，还要看长期趋势，2019 年增速为 47.8%，2020 年增速为 24.8%，增速在回落，但至少在 3 年内依然保持着大盘一倍以上的增速。这样的趋势意味着什么？意味着这个行业现在有巨大的空白，属于蓝海阶段。行业有大幅增长，意味着这个模式已经被用户接受，而且基本的商业模式已经跑通，形成了一个小风口。在这个阶段，公司、资本、资源都会相继涌入，可以考虑自己产品的资源和这个行业的匹配程度，以决定是否要进入。

之后就要进行第四步，看细分此消彼长。在做第三步的时候，不知你有没有这样的疑惑，大盘的增速是 31%，而其中有些细分领域的增速远远高于此，那么一定有另外一些大盘中的细分领域的增速低于大盘，才能形成这样的状态。是的，这就是第四步的作用，在任何一个增长中的行业都可能在其中有"漩涡"领域，这些细分领域的增速低于大盘，甚至可能出现负增长。如果进入了这样的行业无异于把自己的职业生涯投入漩涡之中。那么，在互联网广告的大盘中，哪些领域是这样的"漩涡"细分呢？

视频贴片广告，从最高占比 8.4%，跌落到占比只有 4.1%；而品牌图形广告从最高占比 21% 一路跌落到 9.5%。占比的腰斩背后是这两个细分领域的市场在不断萎缩。所以说，在进行行业分析时要格外留心这样的漩涡领域。

2015 年 –2022 年中国不同形式网络广告市场份额及预测

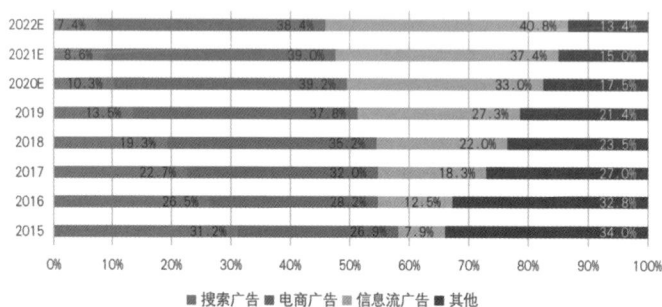

分析了行业的发展趋势后，就要开始研究行业所处的阶段。一个行业处于不同的阶段，需要的进入方式和产品匹配就会有很大不同。很多时候我们把一个竞争对手或者其他行业的功能"搬迁"到自己的产品上就会出现"水土不服"的现象，很可能就是因为对行业所处阶段的不了解，造成的"我们都没错，只是不适合"的错觉。

行业的发展大体分为几个阶段，如下页图所示。

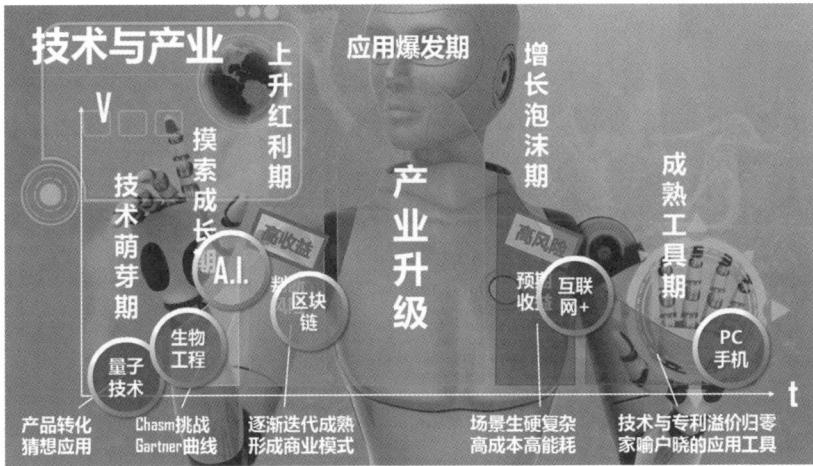

目前大多数产业都处于技术和市场的变革引发的产业升级期，有些甚至处于技术萌芽期，例如目前阶段的量子技术，就处于非常早的阶段，需要理论物理和数学的底层推动，基本属于用公式推动的行业，在这个阶段需要技术论证和猜想应用，可以说，属于科研的范畴更多一些。之后随着技术的发展，确定性增强，从技术萌芽期进入了摸索成长期，例如目前的生物工程和 AI。作为互联网领域的产品经理或多或少会对 AI 领域有所了解，我们用生物工程现在的一些进展为例，说明这个阶段的特点，如下图所示。

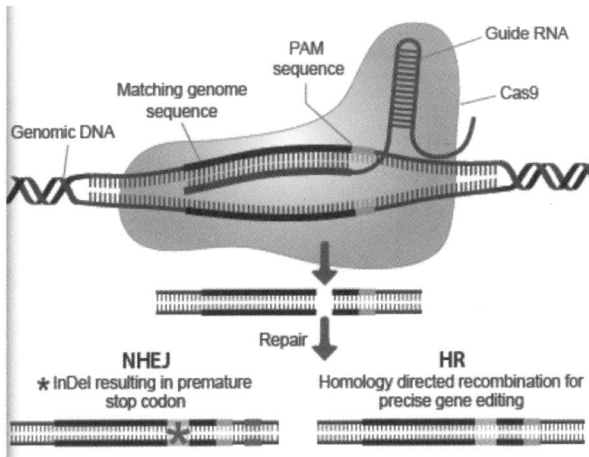

CRISPR-Cas9 是一种新型的基因疗法，由美国科学家 Jennifer Doudna 发明，虽然她和 2019 年的诺贝尔奖失之交臂，但业界有不少声音认为这种疗法很可能会打开人类未来的大门。这种疗

法意味着人类可以编辑自己的 DNA，包括去掉不利基因、编入优质基因或者进行基因编辑，如果这项技术能够被人类真正掌握，并应用于各种疾病的治疗，意味着人类拥有了改变自己基因的上帝之手。去除癌症基因、畸形基因，甚至死亡基因，转而植入高素质、高智商和高耐力的基因。很难想象这样近乎科幻小说的技术应用，在商业市场上会引发何等的社会变革。而这项技术可能和我们最大的联系就在于发明 CRISPR-Cas9 技术的公司，是比尔·盖茨投资的。而这只是生物工程产业的一个缩影，可以说这个产业目前所处的阶段，就是在技术萌芽期和摸索成长期之间的状态，如何进行商业化，应用在什么样的市场上（是使用在农业上，做超级水稻，还是用在医学上，做永生人类）都没有定论，而这里就需要有很强大的想象力和商业规划能力，将这样的技术用于真正改善人类福祉的事业上。

之后技术相对迭代成熟，科研部分逐步降低比重，开始需要更多商业场景的使用，这就进入了上升红利期。例如区块链，尽管区块链技术被一些人用在了"割韭菜"上，但区块链确实进入了一个技术成熟期，可以为更多的实际商业场景服务，例如智能合约、加密技术、共识机制等。这些已经在法律、版权鉴权等方面发挥着良性的作用。我们应该关注进入这个阶段的产业和技术，寻求其中已经相对成熟的技术和我们现有的产品相结合的可能性。例如，ZAO App 的爆发背后，就是一个很常规的图片视频社区和 AI 的一个开源框架 Deepfake 相结合的产品。且不论这款产品在价值观和版权上是否存在瑕疵，至少可以看到，用最新的准成熟技术和现有的业务模式相结合，是一个出现爆款产品或者爆款功能的好方式。

经过了上升红利期的试错，确定性日益增强，接下来产业就进入了应用爆发期。由于已经在上升红利期完善了技术，并且更重要的是，已经验证了市场需求和部分商业模式，资本开始大量涌入，继而围绕着这个产业，就会出现很多创业公司和创业项目。与此同时，很多成熟企业也会在这个行业中布局，通过投资或孵化新项目的方式进入赛道，整个行业呈现一种产品井喷的状态，每周都会有新的项目层出不穷。

2015 年—2016 年是中国 O2O 市场的应用爆发期，团购的年度交易额突破了 1000 亿元，外卖订单日均突破 200 万单，被大众点评的 CEO 张涛形容为"第二次世界大战"。在那段时间，几乎每天都有新的投资展开，新的产品下场搏杀。美团接入了嘟嘟美甲、e 家洁等服务商，为用户提供上门服务。"到家模式"是另一块千亿元市场的蛋糕，腾讯投资了 e 袋洗，顺丰投资了泰笛洗衣，58 投资了点到按摩、土巴兔、呱呱洗车、美到家、e 代价，而河狸家、e 家洁也都完成了数千万美元的融资。在竞争最激烈的时候，很多互联网企业密集的地方都会聚集大量的发单人员，而各个企业为了招揽新客户也是不计成本地做活动。当时有一个段子："在北上广的几条互联网聚集的街道上，中午走 200 米就可以获得免费的午餐、按摩、美甲、洗车、洗衣服、家政服务。"

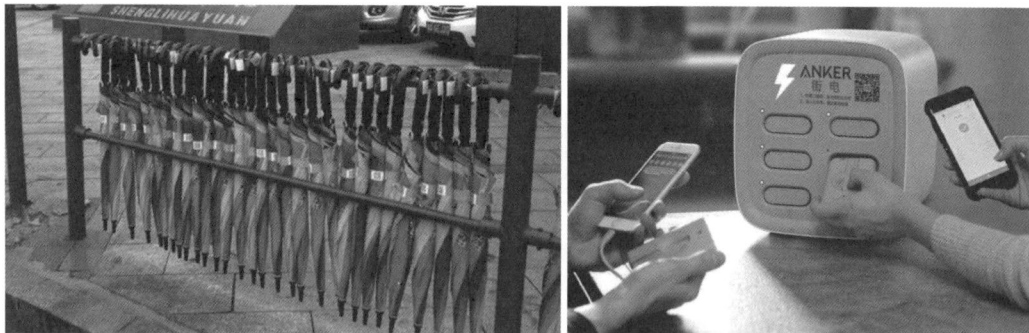

　　而进入 2017 年，以共享自行车为主力军的共享经济，又一次重复了这样的"疯狂爆"。摩拜、ofo、Bluegogo 等品牌的共享自行车占据了大街小巷。同时，资本似乎激发了无穷的想象力，似乎就在一夜之间，"使用权胜于所有权"成了信条，一切皆可共享，共享篮球、共享雨伞、共享充电宝、共享汽车纷至沓来。虽说这两个行业最终都难免一地鸡毛，但不得不说，应用爆发期的百舸争流是非常有必要的，就像生物进化史中的寒武纪生物大爆发，在一个从地质学角度上很短暂的 2000 万年内，突然爆发性地出现了门类众多的物种，虽然绝大多数物种都最终灭绝，但在自然选择中，充分竞争后的生存者就构成了现在异彩纷呈的自然界基础。所以，在商业、产品领域一段时间内一个产业突然爆发甚至有一定的泡沫，最终经过用户用手投票"活"下来的产品都是足够健康甚至是健壮的。就像现在的美团、饿了么，极大地方便了我们的生活，而共享自行车、共享充电宝，虽然没有鼎盛时期那么热闹，但回归了一种理性、正常的状态，填补了我们生活的空白。处于爆发期的产品，最应该做的事情就是在非饱和竞争阶段跑马圈地做到饱和，并且在竞争阶段做到合纵连横。所以，在这个阶段补贴大战、烧钱获客都是为了在短时间内通过所有企业共同对市场进行培育，通过市场推广达到用户获取和品牌建立的目的。

　　在快速爆发期后就会出现增长泡沫，因为在快速爆发的过程中一定会出现市场过热的现象，资本短时间的密集投放，补贴大战必然教育了市场。但在快速爆发期，进入的产品和提供服务的供给往往超过市场需求，所以当过了这个爆发期，资本不再追加投入，很多没有在快速爆发期中获得足够大市场份额、用户基数和建立壁垒的产品和企业就会陆续退场。所谓的"水退下后就会看到谁在裸泳"讲的就是这个阶段一些只依赖资本力量虚荣发展，而没有夯实的产品。在这个阶段往往是一地鸡毛，对这个行业的报道会从融资的报道转向公司破产、跑路的报道。而这个阶段，很多人会不自觉地认为这个行业不行了，其实，这个阶段是在挤干泡沫，即将进入良性发展的前兆，只不过黎明前的黑暗显得格外漫长。

撑过这个高风险的增长泡沫期后，就会出现胜利的曙光。在这个阶段还健康地活着的企业，就是所谓的"剩"者为王的企业，随着上一轮的洗牌，经过了市场淘汰和一系列的企业兼并，剩下的各个身怀绝技。整个市场已经从群雄逐鹿变成了三分天下或一家独大。此时由于市场进入的门槛已经变得非常高，新进入难度极大，很难出现"门口的野蛮人"杀进行业扰乱秩序的事情。所以，在这个市场上剩下的企业即可享受胜利的果实，进入成熟工具期进行大幅度的商业化。之所以说互联网行业进入了下半场，是互联网的大多数细分领域已经进入了这个阶段，如果没有技术的底层变革，行业格局已经很难再次发生翻天覆地的变化。所以，产品在已经获得市场地位之后，就开始在自己的领地精耕细作，通过大数据、精细化运营，开始商业化。例如微博，在微博还被称为"新浪微博"的时候，同时竞争的还有搜狐微博、网易微博、腾讯微博等产品。那个时候所有的产品功能中广告占比很少，因为在那时的快速发展跑马圈地的阶段，最需要的就是提高用户体验，通过口碑和黏性获得用户的青睐。而当微博只有一个，产品名称成了品牌名称之后，会员、营销工具、广告都开始不断上线。由于过程中已经积累了足够多的用户和足够强的产品壁垒，虽然用户体验有所下降，但总体的用户量和收益量都在一个非常好的水平上。

在出租车市场上，当滴滴、快滴、Uber杀得刺刀见红的时刻，各种补贴和打折纷至沓来。最猛烈的时候一个月补贴费用都是以亿元计算的。那时的用户体验是最好的，因为由于大量的司机端补贴，导致可以提供服务的车辆很多，费用非常低廉（比巡游出租车低）。当滴滴赢得了整个市场之后，价格不断水涨船高，而补贴已经成了从前的故事，最终很多产品的价格都高于巡游出租车。在我们抱怨曾经屠龙的少年又一次变成恶龙时，因为由奢入俭难，我们还是会在抱怨中一次次地使用。

所以，很多产品的功能要符合当时行业发展的需要，如果产品在上升红利期就因为做大量的商业化变现而牺牲用户体验，无疑会在需要积累用户的时刻将宝贵的用户拱手送给竞争对手。而当产品处于增长泡沫期时，当务之急是跑通商业模型，用尽全身力气夯实产品的核心竞争力，而不是只思考如何通过烧钱获取 DAU、MAU 之类的虚荣指标，因为这是一件自掘坟墓的事情。

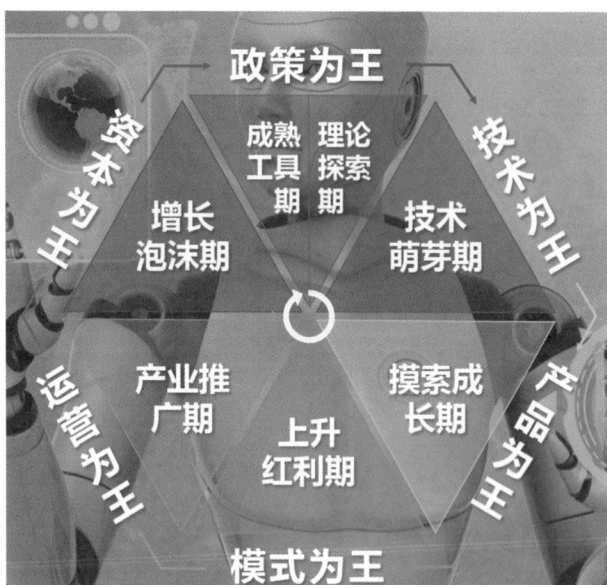

另外，在看清了行业周期后，也可以了解到自己的职业定位是否与行业、企业契合。如果你听信一个企业对外宣传的"我们公司是由产品驱动的"的口号而心向往之，可能确实会度过一段蜜月期，但几年后发现产品的话语权在不断变弱，再吐槽"当年的小甜甜变成牛夫人"是没有意义的。对企业来讲，在不同的产业阶段，需要的能力有所不同。在技术萌芽期，需要技术驱动，做技术的底层突破；进入摸索成长期，就需要产品驱动来做模式设计和 0 到 1 的验证；在上升红利期，需要新的模式驱动，不断地变轨进入新的用户量级，引入新的核心资源；在产业推广期，需要运营驱动，通过市场、品牌、内容等方面进入用户心智；在增长泡沫期需要资本助力，通过融资能力撑过这个阶段进入收获期，还可以借助资本的力量进行兼并，合纵连横；在成熟工具期和理论探索期，受到政策的影响最大。游戏牌照停发，可以让腾讯的市值大量蒸发，而芯片的税收减免，也能让一个行业生根发芽。所以，自己想在职场上占据什么样的位置是打主攻还是打辅助，要认清行业周期和形式，不要纠结于由哪个部分驱动的问题。

就像是在一片荒地建设一个游乐园，在打好地基和研发游乐设备的萌芽期，需要的是技术牵头，做好基础设计的研发和建设，之后需要对产品进行整个园区的设计规划、门票定价和用户动线调整。而当游乐园开始营业后，举办嘉年华、花车巡游才是运营的重点。产品最终借助资本的力量形成连锁、品牌、IP，是做大的保证。在什么时间，找到自己适合的和产业进程匹配的连接方式，才是最重要的。

研究了产业的整体周期和所处阶段，之后还要考虑自己所做的产品处于什么样的阶段，要用这两个阶段再次进行匹配。所谓"知己知彼，百战不殆"，我们经常用很多时间了解市场和用户，看到的是宏观市场、外部环境的状态，又花了很多精力分析数据、打磨产品，这是一个微观视角。但在这两者之间要有一个中观视角，来清晰地辨识自己的产品所处的阶段，做适合自己的产品所处阶段的功能，是产品经理很重要的一个能力提升。

对于每个产品，基本可以分为 7 个阶段，每个阶段所需要做的重点工作都有不同。

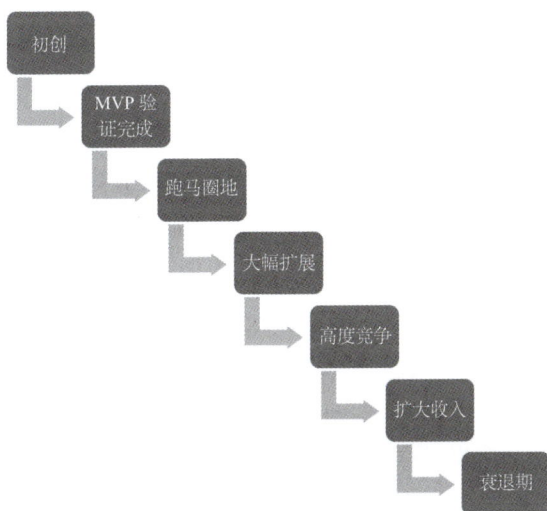

第一阶段是初创阶段。这个阶段是一个产品真正从 0 到 1 的阶段。很多人会在简历中写到自己做过从 0 到 1 的项目，其实大多数都不是真正的从 0 到 1，从 0 到 1 不只是从一个产品的第一个 PRD（产品需求文档）、第一个 UE（用户体验）开始做，经历了最初的产品设计和开发最终上线的过程。真正的从 0 到 1，应该是一个产品从市场的需求挖掘出发，到找到市场需求、思路、定位，最终策划出全新产品的过程。如果是对已有产品进行借鉴模仿，可以说是在已有的 1 上进行的重新开发，不能算作严格意义上的从 0 到 1。所以，从 0 到 1 的初创阶段的核心，在于对用户需求的分析，通过市场调研、竞品分析、用户访谈等方式进行设计，最关键的目标是根据需求做出 MVP。这里的 MVP 不是 Most Valuable Player（最有价值球员），而是 Eric Ries 在《精益创业》一书中提出的概念，意为开发团队通过提供最小化可行产品获取用户反馈，并在这个最小化可行产品上持续、快速地迭代，直到产品到达一个相对稳定的阶段。MVP 对于创业团队来说非常重要，可以快速验证团队的目标，快速试错。

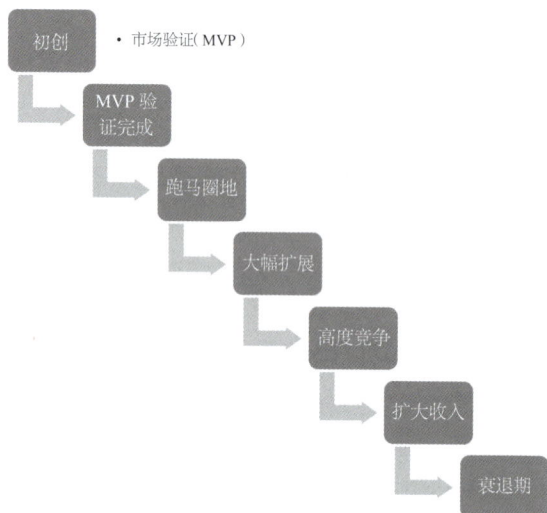

第二阶段是 MVP 验证完成。 这个阶段的重点是小幅投放，进行更广市场的验证，并在这个过程中小步快跑，快速迭代产品，同时在非核心功能上保持跟随策略。进行小幅投放的原因在于，前面的 MVP 验证阶段很可能是小范围测试，就像在游戏领域的"内测"，只是验证了小部分用户的需求。而这样的需求和解决方式是否能在广域市场上，在更多的用户实际使用中达到同样的效果，就需要进行持续的小幅投放进行验证。这个阶段也是做出用户画像、找到种子用户、找到自己产品 Aha moment（突然顿悟）的时间点。除了关键功能的小步快跑、持续试错、验证、优化、迭代，其他的周边功能在这个阶段都应该采用跟随策略。由于在产品发展的初期，资源是非常稀缺的，初始很可能是"一招鲜吃遍天"，以一个核心的特色功能打开市场，而很多周边辅助功能都不健全，就需要尽快对周边功能予以补充，这些周边功能没有必要投入太多资源进行重新设计和思考，不要"重新制造轮子"。很多人会抱怨老板，很多功能都不是原创的，这个现象也要一分为二地看。例如，在 MVP 验证后的阶段，"用户注册登录"这样必需的，但并不能形成差异和核心竞争力的功能，借鉴别人的产品为自己所用，反而是最好的策略。因为这样的功能已经被无数产品反复打磨、迭代，在这个阶段进行优化的难度很大，而且还很可能事与愿违，并且即使有创新，用户的感知力也不足。在类似这样的功能点做创新属于性价比极低的选择，在资源稀缺的时间段，就需要把有限的资源聚焦在对产品发展至关重要的核心功能和差异化功能上。而类似注册登录、统计系统、电商系统展现等大可以借鉴竞品产品，以及寻求第三方成熟模块进行嵌入合作。

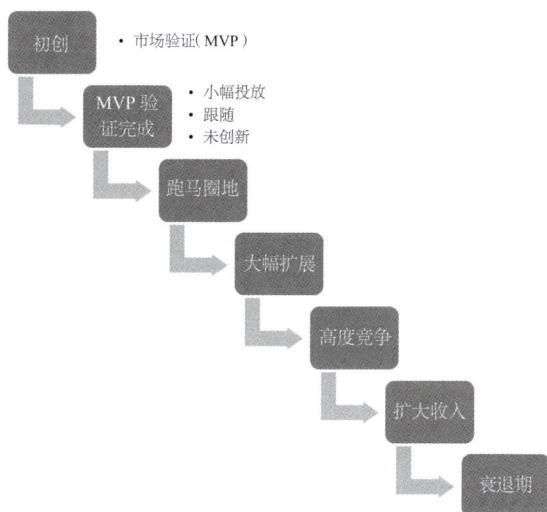

第三阶段是跑马圈地。这个阶段的核心是在关键节点完成资源累积。各种产品会有不同的关键节点，例如，内容 UGC（用户原创内容）类型产品的关键节点就在于上传者和意见领袖；如果是电商产品，其关键节点就是供应链和商品。因为，这个阶段可以说是一个产品"蓄盘"的过程。验证了 MVP 之后，市场上必然也会有其他产品闻风而动，很快就要开始真正的行业竞争。在真正的竞争开始前，是否能够找准竞争的核心要素并控制在自己手中，会决定产品在竞争中的成败。有一个朋友曾经和我说，他觉得他的老板不重视他负责的 to C 部分的产品，表现是他公司的产品同时包含 to B 部分和 to C 部分，to C 部分的产品基本都是在 to B 做了什么功能之后，他的 to C 完成相应功能的接入和迁移，完全没有主导权。了解了这个背景后，我询问了一下他所做的产品，立刻明白了为什么是这样的状态。这位朋友做的产品是智能停车的服务产品，具体来讲就是为停车场提供包含道闸、计费、管理的一套系统，针对停车场使用的部分是 to B 的部分，用户通过小程序、H5 和 App 进行车牌绑定和付费。显然，这个产品还处于跑马圈地的阶段，这个阶段最大的关键资源在于拓展 B 端的停车场，停车场、物业有什么样的需求，使用过程中有什么问题，肯定是要第一时间优先解决的。因为，如果没有停车场使用，即使 C 端产品做得再好，有再优秀的功能、惊喜的交互，也是无源之水、无本之木。

```
初创 · 市场验证（MVP）
   └─ MVP 验 · 小幅投放
      证完成 · 跟随
             · 未创新
         └─ 跑马圈地 · 关键节点资源积累
            └─ 大幅扩展
               └─ 高度竞争
                  └─ 扩大收入
                     └─ 衰退期
```

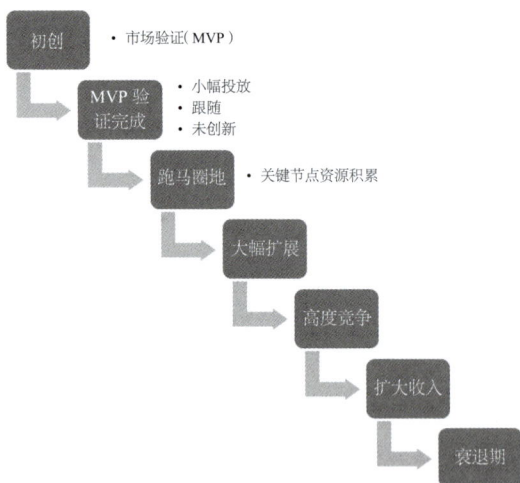

第四阶段是大幅扩展。 过了跑马圈地的阶段，大军准备好了，要开始真正向市场大幅进军了，这个阶段要做的最重要的事情就是用户增长和品牌建立，烧钱推广、补贴基本都发生在这个阶段。如果是一个新型的产品或服务，需要对市场进行培育，要让用户在一个低门槛（低成本）下完成最初的激活过程。用户有旧有使用习惯的惯性，如果想让用户迁移到一个新产品并积累新的使用习惯，必然需要有外部力量推动。假定这个阶段遇上了行业的一个爆发期，无数产品涌入市场，虽然是所有产品一起合力培育市场，但如果不能形成用户的品牌认知和足够的用户量基础，产品极有可能成为培育市场过程中的炮灰。所以，在这个阶段，如何更高效地做到用户增长、口碑传播、引爆流行，并最终增强用户黏性就是最关键的要素了。

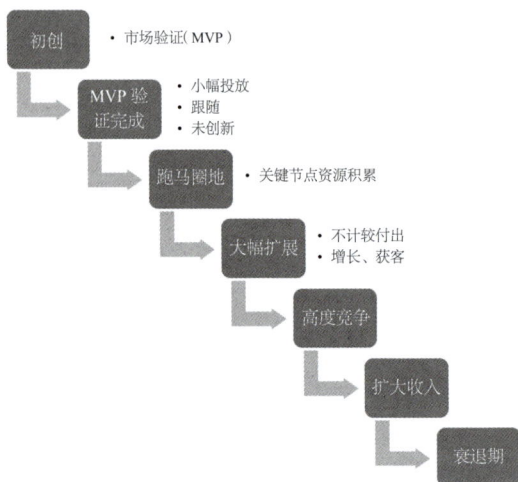

```
初创 · 市场验证（MVP）
   └─ MVP 验 · 小幅投放
      证完成 · 跟随
             · 未创新
         └─ 跑马圈地 · 关键节点资源积累
            └─ 大幅扩展 · 不计较付出
                       · 增长、获客
               └─ 高度竞争
                  └─ 扩大收入
                     └─ 衰退期
```

例如瑞幸咖啡（我们只看其发展初期，不谈论其上市后的成败），在大幅扩张期，除了开辟大量的门店以扩大服务范围，并投放大量的广告，还做了很多非常细致的工作。

由于其目标受众是白领，因此选择了对目标受众有吸引力的汤唯和张震作为其代言人。在品牌颜色上，与星巴克绿、Costa红做出区分，选择了在食品业很少用的蓝色作为主品牌色，而蓝色有沉稳、安全、高级的感受，符合了受众的心理特点。Logo的鹿，有智慧、轻盈的感受。

在用户激活上，采用了首件免费的方式，最大限度地降低了用户首次使用的门槛（不要钱，不好喝大不了倒了），在首次体验之后，同时还获得5折大礼包（多张高折扣礼品券），用户获得优惠体验的同时也增强了黏性和复购率。因为所有人都有避免损失的心理（这么大折扣，不买亏了），而使用上需要邀请好友，就成了新的裂变节点，构成了链式传播。而且瑞幸在自传播上还帮助用户打造了很多方便的工具，例如通过高质量图片＋明星引导诱导传播。瑞幸的做法向我们展示了在这个流量成本日益高涨的时代，即使有资本的助力，也需要通过产品的设计让获客变得更高效。

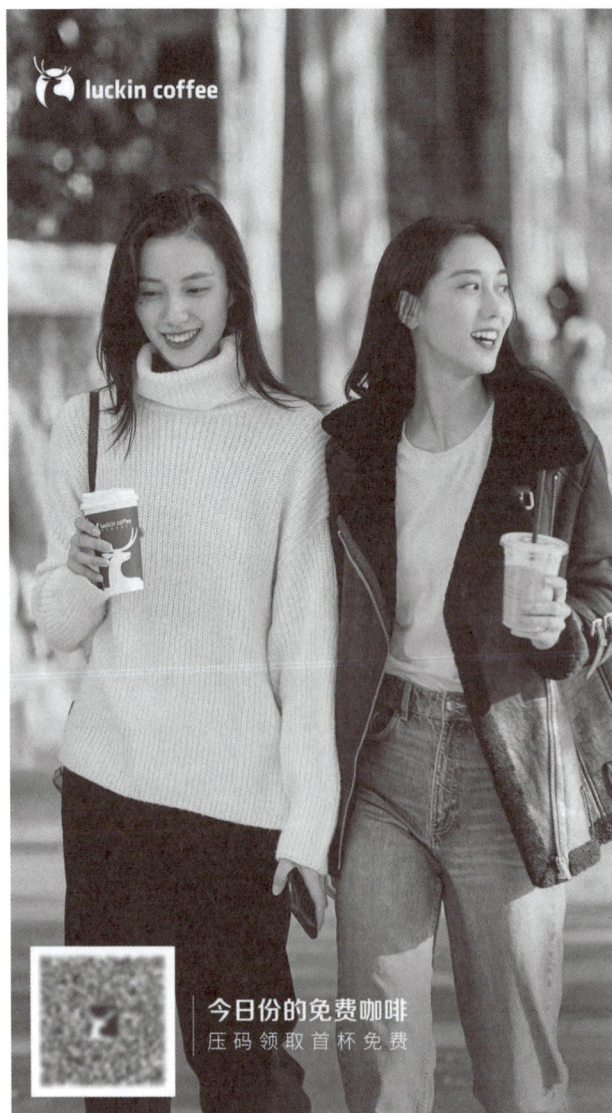

第五阶段是高度竞争。在大幅扩张到一定阶段之后，就会进入下一个阶段。这个阶段和前期的差别在于，前面的 4 个阶段都是从市场上获取客户的阶段，而这个阶段是从竞争对手手上抢夺用户。前 4 个阶段的竞争都是非饱和竞争，产品是在填补某项市场空缺，竞品研究的重点在于，通过研究竞争对手的产品上线或下线了某个功能，反向推导用户的需求，或者发现竞争对手的一个体验有了明显提升，通过借鉴的方式优化自己的产品。而到了高度竞争阶段，就需要更多针对性的手段，因为此时的竞争进入了饱和竞争，已经基本没有市场的空白区域了，要从竞争对手的用户池中去"挖""抢"用户了，这也是一个此消彼长的发展过程，自己多一个用户，对手就会少一个用户，一个行动的对与错都会直接扩大或缩小与竞争对手的差距。

由于爱奇艺是行业的后起之秀，其诞生之日就在一个高度竞争的环境中，所以在竞争上执行"坚壁清野"的策略。举一个很小的例子，在所有的电影院中张贴的电影海报下面的合作鸣谢企业中，爱奇艺对市场部的死要求就是，必须排在所有鸣谢企业的首位，如果实在不行就单独列一个"唯一高清视频合作伙伴"的名目并独占。从这个非常小的细节我们就可以感受到，在这个阶段，企业在每个竞争点上那种刺刀见红的气氛。另外一个策略就是"合纵连横"，这个阶段没有永远的朋友和敌人，当时赛道上的主要玩家是优酷和乐视，和三国演义一样各种组合形式的合作、制衡都有过。回过头想一想，也是非常精彩的。在这个过程中，借助资本的力量还产生大量的兼并案例，如优酷和土豆的合并，爱奇艺和 PPS 的合并，苏宁收购 PPTV 等。

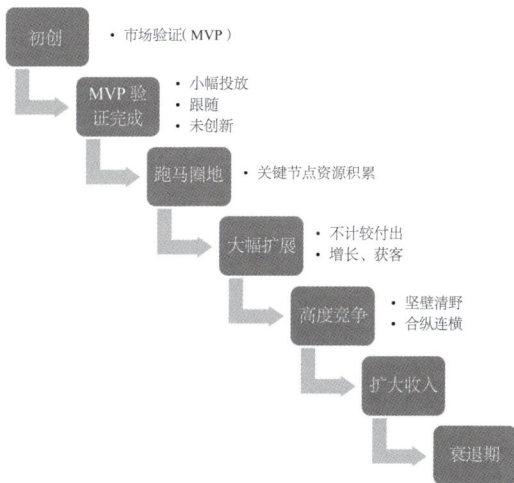

第六阶段是扩大收入。 在高度竞争的风烟过后，天下已定，和行业进入工具期一样，由于产品市场地位已定，开始进入平稳发展期。这个阶段用户的存量巨大而且稳定，用户的心智已经成熟。因此，扩大收入就成了这个阶段最重要的任务，增加收入点、提高付费率，对商业产品开始有了大量需求，开始进行商业变现和商业效率提升。之前让用户兴奋的补贴只会存在于平台阶段性冲击 KPI（关键绩效指标）的运营手段或者周年庆的例行活动，再也不会是一种例行福利。

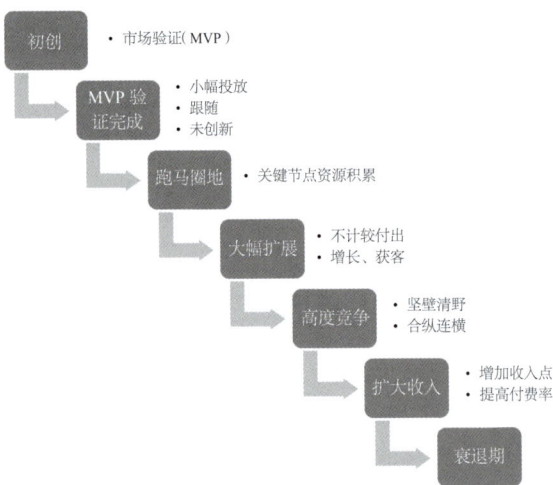

第七个阶段是衰退期。 产品和任何生物一样，有盛必有衰，有出生必有死亡，产品的第 7 个阶段是最终阶段——衰退期。在衰退期的产品，产品经理最重要的任务有两个，一是降低成本，因为衰退期必然带来的是用户量和收入的下滑，所以成本也必须做出相应的调整，很多项目的裁员也源于此；二是没有企业会甘于坐以待毙，原有的资源也完全有可能孵化出新的项目。因此在这个阶段，产品经理应该寻找新的市场机会，与自身的资源相结合，开始孵化和培育新的产品和新的业务模式。"一岁一枯荣"，让原有的落叶变成腐殖质，成为下一个春天植物成长的沃土，也是落叶对根的情谊。这是每个产品、每个企业都要经历的生命周期，只有突破这样的周期轮回，获得下一个阶段的船票，才是百年老店需要具备的能力。有人说过，"腾讯获得了移动互联网的第一张船票——微信，而微信也是在 QQ 的认知和资源基础上，孵化出的适合移动互联网时代的产品。"

经过以上的分析，就能更精准地定位自己的产品究竟处于哪个阶段，厘清产品处于某个特定阶段上应该聚焦的问题。跨越阶段谈论的功能和设计，即使有用户需求，也很有可能会是一种错配。例如，在 MVP 刚刚完成验证的阶段，提出要做大量的市场推广获得一个朋友圈刷屏的效果肯定是不合时宜的；同样，如果在大幅扩张阶段，在各个产品细节上都想方设法地进行收入变现，也无疑会让产品在最需要长身体获得用户和口碑的阶段，干了太多的重体力活，最终只能是一个小个子。所以市场的需求有很多，而真正了解行业所处阶段和公司产品所处阶段，找到在这个阶段最匹配的需求和产品功能，才是产品经理的能力和管理艺术。

2.5 行业价值链分析

了解了行业的特点和发展前途之后，就要分析和研究这个行业是如何运作的。这个阶段的关键在于，先不去看具体的产品样式和功能，而是研究这个行业的价值是如何"分赃"的。

确定了行业的发展阶段之后，接下来要进行行业价值链的分析，也称为"分赃分析"。有一句经典的广告词："没有中间商赚差价"这当然是一个美好的愿望，但事实上大多数行业都会存在各种类型的"中间商"，而且，这些中间商"赚取差价"是合情合理的，甚至提高了社会的总体效率。作为产品经理，绝不仅是产品设计师设计一个产品的样式、交互与功能，其更高级的职责在于，能够站在商业的角度思考行业的价值链，在价值接口上进行更高效的设计，这个设计的前提就在于对行业价值链的认知。

例如，我们每天都会接触很多广告，而一条广告从企业需求到最终被你看见，要经历若干个中间环节。

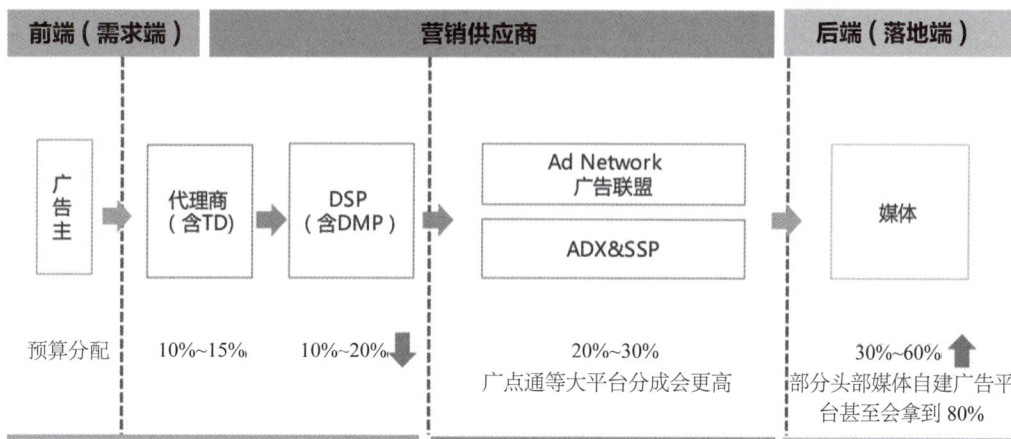

广告主首先对接的是代理公司，代理公司会赚取广告预算的 10%~15%，之后将广告需求提交到 DSP（Demand-Side Platform 广告需求方平台），DSP 公司会赚取预算的 10%~20%，之后广告经过 Ad Network（广告联盟）或者 ADX&SSP（供应方平台）进行管理发布（这个环节会

赚取广告预算的 20%~30%），最终广告会投放在媒体上，也就是我们可以看到的朋友圈、今日头条上，媒体会拿走广告预算的 30%~60%。尽管在这个体系中，部分头部媒体自建广告平台，逐步扩大自己的业务覆盖面，最高可以拿到 80% 的预算份额，如腾讯广点通、阿里妈妈等大的广告联盟和广告平台，依托自己的品牌和平台优势，扩大自己的业务面和分成比例，但总体的环节依然保持这样的状态。这是因为在社会化大分工的背景下，专业的人做专业的事，才是社会效率最高的选择。下图所示展示了一条广告的发布到底经历了哪些环节。

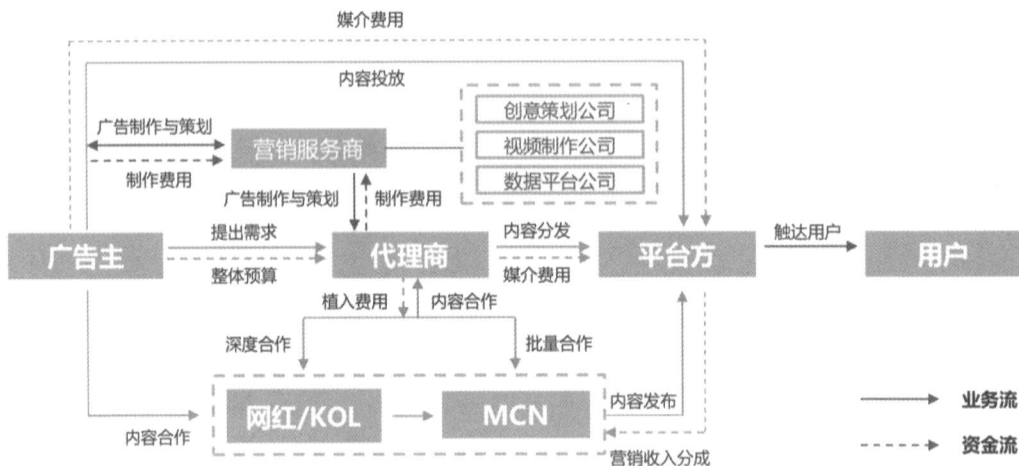

如果广告主想投放一条短视频广告，广告主首先要向代理方提出需求，代理方在这里类似项目经理，因为营销的资源和方法是在不断变化的，代理方在这个环节上为企业保证了最大的容错性和灵活性，也会提供一定的垫资服务，并且，由于代理商接入的企业很多，使其与平台方、KOL 等供应方合作商和企业相比，反而具备了更大的议价能力。大多数情况下，广告主没有"中间商"反而费用会更高。代理商拿到广告需求之后，就会交由营销服务商进行策划与制作，在完成策划后，寻求网红、KOL 和 MCN（网红机构）进行内容合作。而在营销服务商和网红的内容完成之后，都会在平台（例如抖音、快手等）投放，最终触达用户。因此，每个环节的"中间商"都在这个过程中完成了自己最专业的工作，总体效率是高于企业自己完成所有工作的。

所以，我们在分析行业时，就要分析行业中的价值是如何分配的，任务、信息、用户、数据、现金是如何进行流转的，才能看到自己的产品可以在哪些环节介入，以及用何种方式介入。下页的两张图展现了移动营销和短视频营销的产业链图谱，可以看到在这两个行业的生态中都存在着若干个企业，它们各自发挥着自己的作用并已经构成了共生的关系。了解了这样的结构就能让我们在思考产品时，明确自己产品和企业在行业中的位置和上下游的关系，做好自己的事情而不是到处树立"假想敌"。

中国短视频营销产业链图谱

2018年移动营销行业的产业链图谱

2.6 通过PEST框架分析行业

了解了行业内部的逻辑后，还要继续思考什么样的外部条件发生变化，就可能改变这个行业的关键要素的发展节奏，因为在商业世界，唯有改变才是不变。

了解了一个行业现在所处的位置、发展趋势以及上下游关系之后，还需要考虑环境因素。在本书第1章曾经讲过，政策、经济、社会和技术这4个要素，是对一个行业影响最大的外部因素。前面看到的行业的潮起潮落，其实是最终呈现出来的现象，而在背后推动的根本力量来源于这4只"巨手"。

首先是政策（Policy），我们所做的所有行业都是政策允许之下可以从事的，政策作为"看得见的手"，对商业的作用和力度都是非常巨大的，这也就是为什么很多老板多年一直坚持收看《新闻联播》的原因，就是为了能够在其中解读政策趋势。而我们在了解一个行业，预测行业走向的时候，也需要对国家如何看待这个行业有一个清醒的认识。例如，体育产业这几年的蓬勃发展与政策导向是分不开的。从2018年的《政府工作报告》指引，再到半年时间内国家体育总局发布的多份报告，都能解读出国家对这个产业的态度。这样有着国家政策背书，甚至有国家政策支持的行业，无疑有着更好的发展机会。

其次是经济，在经济上要看宏观经济和行业经济两部分，宏观经济的部分除了关注GDP的增速情况，还需要思考在不同的经济周期中，对行业机会是利好的还是利空的。例如，我们之前说过的"口红效应"，每当经济下行的时候，口红的销量就会逆势增长，原因就在于口红相比食

品这样的生活必需品来说，是一个"无用"的奢侈品，而口红又是一个容易被别人看到的、最
便宜的奢侈品，所以口红会在经济不景气的时候反而销量上升。类似的效应还有"裙边理论"，
这是由美国宾夕法尼亚大学的经济学家乔治·泰勒提出的，说的是当妇女普遍选择短裙，裙边向
上扬时，股市也会随之上扬，如20世纪20年代和60年代；相反当妇女穿着长裙，裙边向下垂时，
市场也会逐渐走低。其背后的原理是，由于当年丝袜是一种相对昂贵的奢侈品，而在经济向好的
时候，女性更愿意通过短裙展示丝袜。但在经济下行的周期，长裙的销量一定会很好。用这样的
逻辑可以推演出，在不同的经济周期，什么样的行业会有正向或负向的效果。例如，低端白酒和
方便面的消费量也是和经济状况成反比的。在2015年—2016年，中国方便面的销售额大幅降低，
甚至间接导致了统一企业在中国撤厂，这个降低就是由经济周期和外部行业发展的共同因素所导
致的。而到了2017年，方便面的销售开始出现回弹。而白酒产业，从上市公司总收入合计的波
动曲线上看，也和方便面的销售额曲线趋势一致。

2012年—2017年中国方便面销售额及增速

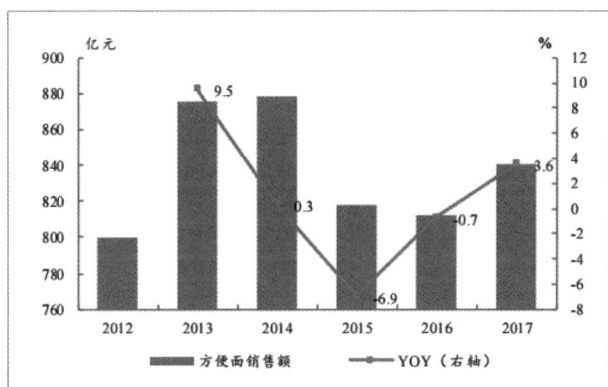

2005年—2019年白酒上市公司生产量及营业总收入同比增长率

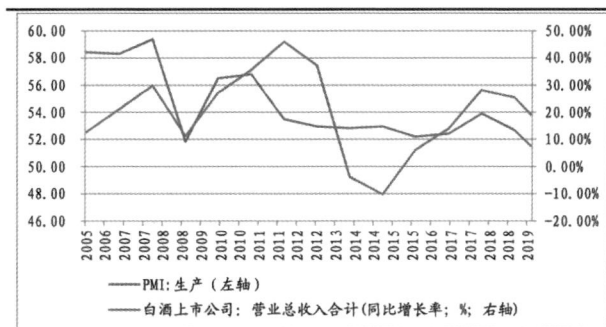

资料来源：中原证券 WIND

其实，无论经济上升还是下降都有相应的机会，关键是找到符合经济趋势的行业。此外，还要看在一个行业中的小经济趋势，这个小趋势就是资本市场对这个行业的投资状态。从投资的金额、轮次比例及频繁程度 3 个维度，就可以观察出资本市场对这个行业的态度，以及这个行业目前发展到哪个阶段。如果这个行业大量的公司已经进入了 C、D 甚至 pre- IPO 的轮次，再进入一个天使轮的公司去做产品，无疑就是在挑战高难度。

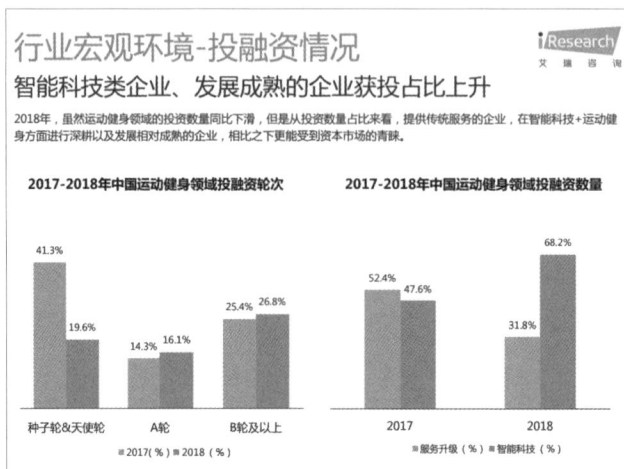

第三，要考虑社会因素，毕竟产品是给人用的，整个社会风气和氛围的导向对产品的思路影响很大。就像在 20 年前，很多品牌和设计更趋向于"洋气"，例如"马克华菲"这个品牌其实是"七匹狼"的子品牌。而现在，由于"文化自信"的逐步增强，国潮、中国风成了年轻人追求的时尚。

李宁、花笙记等品牌的国潮系列甚至走上了高端路线。其实，这种社会潮流也不是一朝一夕突变的，是由"百雀羚""大白兔""北冰洋"们一直力推"国货"的势能积累出的用户心智的转变，而如何能在转变前抓住机会完成产品卡位，就需要拥有对产品的敏感性。

在社会因素中，需要考虑的包括人口因素、人口年龄阶段、消费心理、生活方式变化、文化传统、价值观等。

这些问题用于这个阶段的参考如下。

1. 信奉人数最多的宗教是什么？

2. 这个国家的人对于外国产品和服务的态度如何？

3. 语言障碍是否会影响产品的市场推广？

4. 消费者有多少空闲时间？

5. 这个国家的男人和女人所扮演的角色分别是什么？

6. 这个国家的人长寿吗？老年阶层富裕吗？

7. 这个国家的人对于环保问题是如何看待的？

最后，还需要考虑技术因素。这里谈的技术不是某个公司或者某个程序员的技术，而是技术的底层进步。例如，5G、AR、AI、生物工程这样量级的技术革命。这样的技术对行业的影响力基本相当于蒸汽机对马车的影响，会造成整个行业的重新洗牌，所以每当新的底层技术发生变化的时候，无论是行业，还是资本市场都会异常活跃。在这里我们既要不断跟踪最新的技术发展趋势，还要思考最新的技术趋势如何和产品应用场景相结合。

因为只有技术结合了应用场景和用户需求，才能构建出可以落地的产品。

通过上述的流程、方法和框架，即可全方位了解一个行业的周期、规模以及发展方向，这对我们找准适合的产品方向，以及选择适合自己的行业都非常重要。下面就来谈谈如何使用行业分析以及自己的职业规划。

2.7 通过行业分析，找到属于自己的风口

分析行业的目的不在于输出报告，更多的时候，如果我们已经投身了一个行业，其实是无法改变这个行业的发展速度和发展历程的。但我们可以利用行业分析，找到属于自己的风口，这是产品经理学会行业分析最实在的作用。

行业分析对产品经理来讲，是一个相对比较陌生的工作，因为我们进入一个行业后，往往会把注意力更多地放在应该如何工作、这个行业的市场需求如何，以及工作应该如何优化上，这些都是一名优秀产品经理重要的工作内容。但在个人发展上，很多时候选择比努力更重要。在每个行业中都不乏有天赋且勤奋努力想把事情做好的人，但由于行业的不同，导致付出了同样的辛苦，但是收入和社会认可度相去甚远的情况发生。这也许就是巴菲特所说的"选择比努力更重要"的启示吧。这也是我建议产品经理一定要掌握行业分析能力的原因，即使在工作中可能不经常用到这个技能，但它是能决定我们个人成长很重要的技能。老话说"男怕选错行"，现在女也怕选错行，如果我们投身于一个毫无前途的行业，可能一转眼，几年十几年就过去了，等到自己发现时，可能自身的学习能力、成长的阶段已经不止被同龄人甩开了一大段距离，同时也被时代抛在了身后。更可怕的是，我们父辈所经历的产业周期变革，基本是以30年为周期的，但我们现在处在一个技术爆炸的时代，一个产业周期可能只有十几年，甚至是七八年，一转眼可能就错过了一个周期。就像现在已经进入了 AI 时代，如果你错过了整个移动互联网时代，还停留在 Web 时代，这种认知上的代际差是非常难以弥补的。因此，在低头拉车的同时，我们需要时不时地抬头看路，而这条路就是对行业、对赛道的分析和判断，在适当的时间，储备下一个阶段需要的能力和认知，做好准备，当新的航船在你身边时，才有机会跳到新时代的船上。"机会只会留给有准备的人"，这句话每个人都听过，但如果不了解行业，你甚至可能连机会是什么都分辨不出来，又何谈准备。

巴菲特谈及他的投资法则时，有一句很有哲理的话："积累财富最简单的诀窍，就在于找到足够长的雪道和足够湿的雪。"我认为这句话既适用于投资，也适用于个人成长。足够长的雪道就是行业的天花板，足够湿的雪是增长率。我们每个人其实都是投资人，而且面对我们的投资，要比财务投资人更谨慎，因为我们投资的是自己的时间，甚至可以说是自己的一部分生命。因为对于每个人来说，时间都是不可再生的资源。把时间投入在哪里才是最高效的，能够有更高的未来产出，我们应该向世界级投资大师学习，找到适合自己的更长的雪道和更湿的雪，把自己的雪球越滚越大。

第 3 章

明道：需求分析 ————

需求是产品的基石，没有需求就无法形成交易，商业的基础也就不存在了，因此，产品之

"道"来自需求。

我们经常说，不要创造需求而要挖掘需求并满足需求。这是因为需求是无法被凭空创造出来的，所有用户需求分析的底层是心理学和社会学，而人类底层心理的进化速度远远慢于技术进步的速度。尽管我们使用着最新型的计算机和手机，享受着最新技术的成果，但心智模型和百万年前石器时代的古人并没有质的差别。因此，作为产品经理一定不要自己创造用户的需求，而要用互联网的工具提高效率、加强连接并扩大规模来满足用户的需求。我们现在看到很多最新的产品玩法，也都有千年前已经验证过的需求的影子。例如，最近火爆的直播带货，和曾经的街头叫卖并无二致；而才艺直播"先表演，后付费"的方式，便是旧时天桥撂地卖艺"有钱的捧个钱场，没钱的捧个人场"的互联网版本；人格化电商、KOL（关键意见领袖）、明星自有品牌，被张大奕、褚橙、潘苹果们做得风生水起，但"狗不理""满记""果仁张"这些人格品牌已经有百余年的历史了。即使是大数据这种看上去很高科技，似乎和古代没有任何关系的领域，早在秦朝就已经有了雏形，秦建立了非常完备的全国资料库，虽然在元朝有所倒退，但到了明朝，其资料库的建立和完善得到了高速发展，包括对土地、人口、年龄、矿产、税收等在内的统计和归档，通过《黄册》《鱼鳞图册》等"数据库"创建了当时的"大数据"，并应用在征税、预测等诸多领域。所以做产品设计，并不是简单地看现在有什么新的技术，转化成产品就可以了，而是要看用户究竟需要什么，只有满足需求，才能构成产品。

3.1 产品就是满足需求的载体

产品的核心在于满足人们的某种需求，形态反而并不拘泥，所以探索需求本身就成了设计产品的第一步。

产品的定义我们在第 1 章中讨论过，产品不只是"生产出来的物品"，更重要的是"产品是指能够供给市场，被人们使用和消费，并能满足人们某种需求的任何东西，包括有形的物品、无形的服务、组织、观念或它们的组合。"很多时候我们会进入的最大误区是，太过看中产品的"产"，这是一种供给侧思维。能做什么就去做一个什么，然后放到市场上靠巧合来赢得用户，这个逻辑在互联网行业的上半场是成立的。因为那个时候是一个从无到有的阶段，市场有巨大的空白，而用户也愿意尝鲜，只要能做出"差不多有用"的产品就能获得市场，因为"聊胜于无"。这就等于在一片蛮荒中新修了一条路，车开始源源不断地过来，你在路边开了方圆百里唯一的饭馆，就算你的饭做得再难吃，只要不至于让食客当场食物中毒就能卖出去，甚至可以卖高价，因为别无分号，这就是所谓的"市场红利期"。在互联网行业的上半场中，这个逻辑完全成立，因为供不应求。但众所周知，互联网行业已经进入了下半场，基本大块的、显性的需求都已经被充分满足了。在这个阶段就需要产品经理对需求的深层理解，从底层思考是否有其他的解决方式，这样才会出现新的产品机会。

例如，我想吃 KFC（肯德基），这就是一个显性需求。如果我们只呼应这样的显性需求基本就没有机会，因为用户对获取的产品已经指明了非常具体的要求。但是如果我们逐步拆解这个显性需求，就可以找到这个需求的背景和本质是什么，也有机会从底层用其他产品满足他。这里介绍一套方法，用来分析底层需求。

第 1 步：面对显性需求，询问为什么。

我想吃KFC ▶ 为什么

例如，显性需求是我想吃 KFC，先来问："为什么你想吃 KFC？"

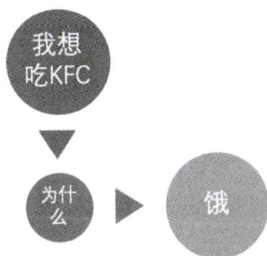

可能就得到了这样的回答——"饿"，这里就有新的发现了，KFC 不是需求，饿才是需求，KFC 只是解决"饿"这个需求的方法。我们想解决吃 KFC 的方法不多，无外乎堂食或者外卖，而解决饿却有上万种方法。所以，这里就把需求解决的可能性打开了，接下来，就要把这个需求再次聚焦。

第 2 步： 替换要素继续询问。

既然饿，那么不吃 KFC，吃包子行不行？注意这一点，包子也是解决"饿"这一需求的方法，但包子完全不等于 KFC，用替换解决需求的方法来寻找其他的可能性，可能会得到的答复如下图所示。

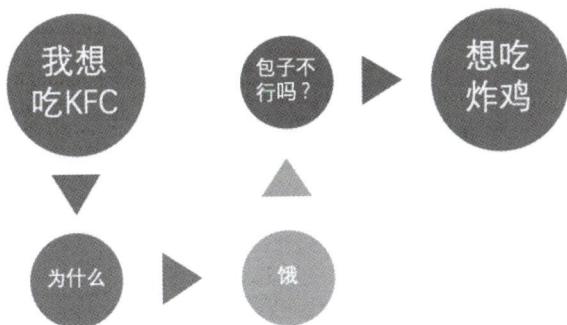

包子失败了，包子不能满足需求。答复是"想吃炸鸡"，这就说明"饿"只是需求的一部分，另外的部分还包括了"馋"。这就是刨根问底的价值，在答案中又发现了更明确的需求——"炸鸡"。炸鸡和 KFC 有强关联，但炸鸡已经可以用其他方式满足。在这个层次上，还可以继续拆解。

第 3 步： 拆解法：炸鸡包含两个元素——炸和鸡，分别对其进行替换。

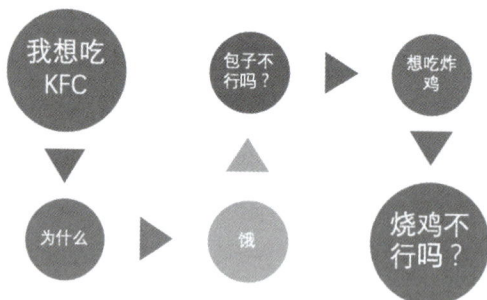

把"炸"换了，"鸡"留下，烧鸡行不行？

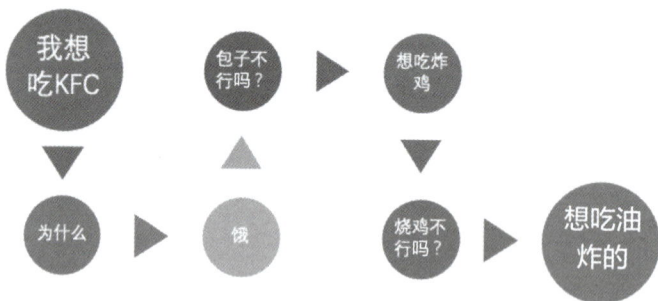

并不行，想吃油炸的，所以"炸"是关键要素。那我们走另外一条路，把"炸"留下，把"鸡"换掉。

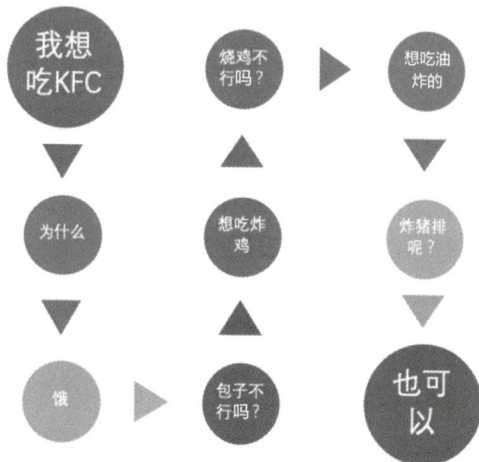

　　炸猪排行不行？可以。我们满足了用户的需求，但要注意的是炸猪排和 KFC 已经没有关系了。这就是新产品、新功能的机会。其实，在这个层面还可以继续拆解，如炸这个做法，包含了口感的松脆、高温度、金黄色、高热量、咸口味、辣等维度。做产品，很多时候对需求就要像庖丁解牛一样，拆得更深一层，水平就更高一层，再进一分就多一分的欢喜。

3.2 专业产品经理和用户之间的认知差

产品经理最大的悖论在于，当你成为专业的产品经理之后，就再也不是一个普通用户了，因为有了理解认知差。产品经理需要通过有意识的行为来尽力消除这种偏差，才能真正理解用户的需求。

在互联网行业的产品经理往往会关注融资的信息，一个公司拿下了天使轮、A 轮无不弹冠相庆。但你知道吗？天使轮能走到 A 轮的比例不足 10%，而 A 轮能走到 B 轮的也不足 10%，所以一个产品从 0 到 1 的过程九死一生都已经是太过乐观的说法，大浪淘沙最终能胜出的产品可以说是千里挑一。那么，为什么有这么多的产品和企业折戟沉沙呢？最直观的原因就是没有钱了，但这只是表象。咨询公司 CB Insights 对失败的创业公司进行过调研并得出了以下结论（有些公司失败的原因不止一个）。

◆ 不了解用户需求就贸然开发产品的公司占 42%。

◆ 融资烧完了，无法获得新的融资的公司占 29%。

◆ 团队不行，缺乏指挥大局的人的公司占 23%。

◆ 竞争力不足，无法立足市场的公司占 19%。

◆ 定价 / 成本出现问题的公司占 18%。

◆ 产品太过糟糕的公司占 17%。

◆ 缺乏商业模式的公司占 17%。

产品失败最大的原因不是融资烧完、团队不行、产品糟糕，最大的原因是不了解用户需求，就贸然开发产品，这样的情况占到了死亡率的将近一半。所以，产品的设计与开发并不是一个能够靠心血来潮就能一蹴而就的事情，更多的时候欲速则不达，需要谋定而后动。

《孙子兵法》在世界三大兵法书中排第一位（另外两本是德国人卡尔·冯·克劳塞维茨的《战争论》和日本人宫本武藏的《五轮书》），杜牧对《孙子兵法》第一章的"计篇"有一段精彩的点评。

曰：计算何事？　曰：下之五事，所谓道、天、地、将、法也。于庙堂之上，先以彼我之五事计算优劣，然后定胜负。胜负既定，然后兴师动众。用兵之道，莫先此五事，故为篇首耳。

翻译成产品的语言就是要在项目立项中（于庙堂之上），把用户需求、行业趋势、发展阶段、组织人力和执行计划（道、天、地、将、法）讨论、筹划清晰，这样最终的结果才是可以预期的（然后定胜负）。预期效果、制定目标，然后提需求、定任务，技术、设计人员开始执行（兴师动众）。而在这里的"五事"的第一位就是"道"，甚至高于"天"，在产品的领域，最大的道就是用户需求，可以说用户需求大过天。这也就是为什么说，如果没有充分了解用户需求就贸然开发，很可能导致产品和公司的失败。

很多人之所以明明知道这样的情况，还一直前仆后继地飞蛾扑火，是因为太多的人在做产品的时候有一种 "供给侧思维" 和"造物主心态"。"供给侧思维"会更多地局限在"别人做了这个产品成功了，我也能做这个产品（功能），于是我也做一个"，技术背景的产品经理尤其容易犯这样的错误，殊不知，一个产品的关键要素绝不只是功能，内容、生态、运营、市场、品牌都是产品的关键组成要素；"造物主心态"的主要表现是，自己认为的一个痛点、一个需求就认为是所有人的痛点和需求了，所以自己做出来的产品就是自己打造的世界，认为用户就应该过来使用，持这种心态做出来的产品，失败概率尤为高，原因是离真实的用户非常遥远。

下图这份数据来自国家统计局在 2019 年 1 月 8 日发布的《中华人民共和国 2018 年国民经济和社会发展统计公报》，可以看到，中国即使是最高收入的 20% 的一组人，人月均可支配收入也只有 5411 元。

中国居民人均可支配收入分组

组别	占比	人均可支配收入（元）	
		年度	月度
高收入组	20%	64934	5411
中等偏上收入组	20%	34547	2879
中等收入组	20%	22495	1875
中等偏下收入组	20%	13843	1154
低收入组	20%	5958	497

而"职友集"的一份 8 万份样本的调查中，互联网产品经理的平均薪资为 22420 元，是高收入人群的 4 倍以上。虽然说金钱不是万能的，但 4 倍的收入差距会造成对价值观、价格感觉、生活圈子一系列观点的差别。想想和中等收入用户的差距，应该就像汪峰《生来彷徨》中的歌词"传

真机到炼钢厂有一万光年"那么遥远。从最直观的感受上，可以看一下产品经理的人设和我们的用户有多大的差距。

区间	占比
4.5K~6K	0.7%
6K~8K	2%
8K~10K	2.8%
10K~15K	12.2%
15K~20K	15.8%
20K~30K	38.2%
30K~50K	27%

¥ 22420

近1年 84093 份样本 / 可信度：高

你觉得该统计数据准确吗？

偏低	靠谱	偏高
713票 (58%)	220票 (18%)	295票 (24%)

如果我们是在 CBD 的高楼里吹着空调，用着 MBP（苹果高端笔记本电脑），喝着星巴克咖啡，来做一款定位为三线以下城市的渠道下沉产品。估计在那些用户眼里，也不过是在画虎不成反类犬而已。这样的"不接地气"会让我们一叶障目，不去研究拼多多是如何将物流做到了那么大范围的同时，还做到了让人瞠目结舌的价格。

产品最重要的不是"产"而是"品"，"品"这个字在《说文解字》的意思是"品，众庶也"，也就是众多老百姓的味道。所以，做产品，品位很重要，但这个品位，不是曲高和寡，不是喝红酒、抽雪茄，而是理解用户，理解最广泛的用户的需求和痛点，这才是品位。接地气，才是产品经理最高的品位。

3.3 需求只能被发现，而无法被发明

在产品失败的诸多原因中，"发明需求"可以说是最大的因素之一，需求无法被发明创造，只能被发现、挖掘，这是产品经理的一条铁律。

在需求处理中有一个需要格外注意的点，就是用户的需求是不能被发明创造的。和物质与能量一样，我们可以发现一种新的物质，也可以完成物质和能量的互相转换，但我们无法创造和湮灭物质和能量。产品能做的是找到用户的需求，找到满足需求的方式，再将这种方式转化为技术需求，最终构筑成产品。

验证一个需求是否真的存在有一个非常简单的方法，就是这样的需求排除掉互联网之后是否还存在。现在的趋势是"互联网＋"，是传统的某种需求，加上互联网的手段与技术形成产品。那么，我们就要思考一个产品去掉了互联网之后是否需求依然存在。互联网本身并不能创造新的需求，只是基于需求的一个效率、连接和规模化的解决方案。因此，很多现在的互联网产品，都是验证了上百年，甚至上千年的需求解决方案，结合了新的技术和平台，投射出的新产品。

例如，电商就是互联网的"电"结合了传统的"商"，而商品的交换行为，至少有几十万年的历史；微信作为一款通信产品，向上不断回溯能看到短信、电子邮件、电话、邮件、驿站、烽火台的影子。如果说最新流行的 DNA 测序，可以让我们穿越千年，找到我们古代祖先的线索，那么现在每一款成功的产品都可以追述它们在几千年前需求的基因。而这条基因是被刻在每个人的心智模型中的。如果具象化一下，我们可以在宗教中找到人类古往今来底层需求的线索，因为宗教从古至今就是管理民众思想的工具，"存天理，灭人欲"中讨伐的人欲，就是普世化的心智模型。各个宗教中都有对人类"原罪"的探索，我们可以用基督教中"七宗罪"的框架来思考人类的底层需求。

七宗罪：懒惰、色欲、贪婪、傲慢、妒忌、暴食、暴怒，可以说，每一宗罪的背后都催生着巨大的产业。

懒惰。可以说懒惰是人类进步的根本动力。在《小岛经济学》一书中描述了一个岛屿，在那个岛屿上初始时每个人每天能徒手抓一条鱼，而每个人每天也需要吃掉一条鱼，所以这个岛不知个人财产为何物。而后懒惰发挥了作用，一个人厌烦了终日抓鱼，花费了一天时间做了一个草编

的工具，代价是忍饥挨饿一天并忍受同伴嘲笑，但这个叫作"网"的工具让他一天可以捕获两条鱼，而因为他一天只需要吃掉一条鱼，所以小岛开始有了"剩余"和"个人财产"，后续的变革接踵而至，从"借贷"到"投资"，整个完整的经济体系的原点就是因为懒惰而结出的网。所以，从人类创造工具的伟大时刻开始，懒惰一直发挥着促进进步的巨大作用，因为解决懒惰的方案就在于提升效率。懒惰推动了工具化，工具化带来了社会化大分工，进而进一步促进了效率提升。例如，外卖就是最常见的利用懒惰催生的行业，"吃饭不积极，脑袋有问题"，但我不愿意下楼，就交给别人做，而省下来的时间，我可以更高效地使用，这就是懒惰的价值。

色欲。可以说是人类繁衍的根本动力，如果一个物种丧失了色欲，恐怕离灭亡已经很近了，例如大熊猫。在《自私的基因》一书中有一个很有意思的观点，所有的生物都是基因驱动的机器，而基因的最大目的是无限存续下去。由于永生很难做到，于是繁衍就成了一个必需的方式，而繁衍拥有比永生更好的效果。繁衍可以拥有更多的个体数量，而且通过杂交和基因突变配合自然选择，基因还可以自我进化。而在很多行业的背后，都有色欲或浅或深的推动，有一个可以用数字准确证明的案例，轻博客鼻祖"汤不热"（Tumblr）成立于 2007 年，在 2013 年被 Yahoo 以 11 亿美元收购，访问高峰在 2018 年 3 月，达到了 6.42 亿次，而同年 11 月，平台全面禁止成人内容，很快流量一落千丈，2019 年 2 月，直接跌到了 3.7 亿次的访问量。最终，被 Automattic 公司以寥寥 300 万美元收购。

时间	访问量（亿次）	与上月差异
2018 年 2 月	6.025	—
2018 年 3 月	6.42	6.15%
2018 年 4 月	6.17	−3.89%
2018 年 5 月	6.31	2.22%
2018 年 6 月	6.15	−2.52%
2018 年 7 月	6.42	4.13%
2018 年 8 月	6.09	−5.42%
2018 年 9 月	5.68	−7.22%
2018 年 10 月	5.58	−1.79%
2018 年 11 月	5.38	−3.72%
2018 年 12 月	5.21	−3.26%
2019 年 1 月	4.37	−19.22%
2019 年 2 月	3.7	−18.11%

这里要强调的是，色欲并不等于成人内容，所有提供社交链接、加强在社交链接中潜在遗传回报的产品都属于此范围，所以像微信"摇一摇"、图片美化类产品需求的本源都在于此。

贪婪。"贪"这个字很有意思，是"今"和"贝"的组合，加起来就是现在就要的钱财。所以如果我现在极度饥饿，不吃东西会死，这个时候因要吃引起的欲望并不是贪婪，而是基本的生存需求。但如果把未来才会发生的需求立刻、马上拿到手中这就是贪婪。这个需求被电商的产品运营人员开发得淋漓尽致，囤货、买减、领券购买，都是利用了人们"厌恶损失"的心态，先把折扣、代金券给你，然后让你产生"不买就亏"的心态，最终在不断地"买买买"中持续"剁手"。但"双11""618""黑五"之所以叫作"购物狂欢节"，这个"狂"就是反犬旁和王的组合，刨除理性，把动物的兽性发挥到极致，把心智交给贪婪去管理就是狂欢深层的动因。

傲慢和嫉妒。可以说它们是一对相爱相杀的双生子，分别让我们希望成为比别人更加耀眼的人。"在世上平凡又普通的路太多"，所以我们尽管不希望朋友们过得太差，但还是不希望他们"过得比我好"。我们希望能"衣锦还乡"，而担心"锦衣夜行"。傲慢有3种表现方式，第一种叫作碾压型傲慢，例如在网游中酷炫的装备和浮夸的技能效果，背后都是对于在排行榜中第一位的争夺。所谓"文无第一，武无第二"，这是一种希望成为"王者"最终"富到没朋友"的需求，很多网络游戏已经"方便"到不需要进行任何常规操作，就可以全自动寻路、打怪、升级、完成任务，只需要在"冲榜"和"卡级"的时候充值即可，可以说是非常贴心了。但这样的游戏本质，已经不是提供游戏本身的娱乐，而是为了玩家更便利地炫耀自己"天下第一"。

第二种叫作盈余型炫耀，奢侈品是其中最典型的产品。所谓奢侈品就是一种盈余效应，因为奢侈品就是相对于生活必需品而言的。一只几万元的包和几十元的包从使用价值上说并无二致，但就是这样的"盈余"可以告诉别人"我的生活很好，看，我可以用多出来的钱买这些'没用的'"，毕竟"年年有余"是中国人几千年来对生活美好的憧憬。这种炫耀的方式会成为社交货币，在一个圈子中彰显身份。和碾压型炫富比起来，这种方式一定需要有朋友，因为"你们不在，我炫耀给谁看"。为了这样的效果，催生了高端朋友圈打理服务，用各种合成手段帮你成为朋友圈中最靓的仔。

第三种称为确定性炫耀，这种方式的核心逻辑在于"我做了这个事情非常成功，你们也来加入吧"，最典型的就是微商的话语体系。在2018年有一批被玩坏了的微商截图中，各种爱机、爱车、爱火箭都被"喜提"，搞笑之余，可以读出其内在逻辑，在于我干这个很成功、很爽，你们也来加入吧。所以成不成为朋友不重要，成为下线客户很重要。为了这样的效果，甚至有专门的产品设计团队帮助微商制作一键生成转账截图的工具。很多需要人加入的业务，也都用了这个打法，例如招商加盟、某些区块链的大会，都选择在很高大上的酒店甚至游轮上召开。而之所以说傲慢和妒忌是双生子，就是因为我们在高处时，难免傲慢，而在低位时，又难逃妒忌。两种情绪此消彼长，相爱相杀。

暴食。从字面的意思上讲，是大量进食，吃得多，但真实含义远远不止于此。暴食症的定义有两点：一是反复发作的阵发性暴食，在短时间内吃掉大量的食物，进食量远远超过正常量；二是在发作时觉得对进食失去控制，即感到无法停止进食，或不能控制进食的种类和数量。

远远超过正常食量，而且无法控制，才是真正的"暴食"。而且暴食症患者，很多时候暴食的都是高碳水化合物食品。这些充满糖、盐、脂肪的食物，原本是在动物生存中非常宝贵的资源，但由于人类社会的进化速度远超了肉体的进化速度，第一次实现了热量盈余，使我们可以非常容易地获取远超我们身体所需的热量。但暴食的天性一旦取得了身体的控制权，就会无限量地摄入。这里讨论的更多的是身体上的需求，如果转化为精神的需求，一些"奶头乐"形态的内容，会用碎片化的形式、浅显不费脑的方式、个性化推荐的内容，消耗我们大量的时间，我们嘴上说着"再看 10 分钟就去读书"，但一转眼几个小时就过去了。更可怕的是，身体上的暴食还有一个肠胃的容量，但精神"暴食"除了"困"，很难有真正的限度。

暴怒。在我们正常生活中会被严重压抑，因为法律、道德、制度的要求，我们要持续"与人为善"。而人类作为动物本身是一种强大的狩猎者，这样的天性配合压力的宣泄，总需要找到出口。电子游戏给了玩家一个很好的出口，无论是砍杀还是射击都带给玩家在真实世界中无法获得的体验。之所以国内的游戏要求血是黑色的，死亡之后没有尸体而是"告别"，都是在这样的暴怒欲望中做的限制。而另外一个方向，在网络上，在不需要实名而可以带着昵称的假面时，很多人就会拥有一种新的力量，成为"假面骑士"——键盘侠，各种"一言不合"的骂战，究其根本都是暴怒的力量。

所以在探索需求的时候，应该去思考这样的人类底层心智模型，产品的技术、设计潮流一直在变，这就像一棵树，地上的部分有个风吹草动就会感觉风雨飘摇，但用户的需求像是一棵树在地下的根，一直深埋在几百万年前人类的基因与心智中，这远远不是一朝一夕能够改变的。在这个层面进行思考，可以说是任它风雨飘摇，我自岿然不动。

3.4 需求、需要和欲望

有些时候，我们会说别人提出的需求是"伪需求"，那么究竟什么是"伪需求"。

先来看 3 句话，再做一些判断。

1. 我很饿了，要吃饭。

2. 我想一直免费在米其林餐厅吃饭。

3. 我想带女朋友去人均 120 元的川菜馆吃饭。

在这 3 句话描述的情况中，哪些是需求？在讨论这个问题前，先了解 3 个概念——需要、求和欲望。在《营销管理》一书中，这样定义了这 3 个概念：需要描述了人类的基本需求；欲望是人们趋向某些特定目标以获得满足；需求是对有能力购买的某个具体产品的欲望。 这就能够清晰地辨识出，"我很饿了，要吃饭"，这是人类的基本需求——活着，所以说这是一个需要；而"我想一直免费在米其林餐厅吃饭"是趋向某个特定目标而并不想付出什么代价，这个在口语中叫"白日梦"，而在产品的术语中称为"欲望"；而"我想带我女朋友去人均 120 元的川菜馆吃饭"，它很明确，是用户对有能力购买（人均 120 元）的某个具体产品（川菜）的欲望。欲望和需求的一大差别在于，是否有能力且愿意购买。做产品要切记一点，做产品并不是如想象的一样，要致力于把用户体验做到极致。产品本质上是一种商品，而商品就需要用户在使用过程中进行"购买"。在这里的"购买"可以是多种形式的，直接的付费、消耗时间、转发等都可以是"购买"的行为，但一定要遵循某种交换原则。如果要完全"不劳而获"地获得某种产品或者某种体验，这样的产品因为注定不符合商业规律，是无法维系的，毕竟我们做产品的环境是一个商业企业，而不是慈善企业。

我在爱奇艺进行校园招聘宣讲的时候给人们提出过一个问题："爱奇艺的产品体验你觉得哪里不好？"很多人回答了一个很可爱的答案："要是没有广告就好了。"我反问他们："那很简单，你怎么不买会员呢？"人们不想付费。往往这个时候我就会继续说："OK，确实这个产品应该没有广告而且完全免费，但我想这样的产品体验也谈不上好，因为这个产品还应有所有你想看的内容，而且你想让任何你喜欢的演员演出你想看的任何内容，想看四大天王 PK F4，想让梅艳芳、张国荣复活和猫王同台演出……而且只免费也不好，最好能看着视频还能赚钱，还能抽奖，如 100% 中奖送别墅。"其实把一个思维模式，放大到极致，就不难看到问题。

　　产品做到"体验极致"非常容易，难的是在商业模式下，求得商业利益和用户体验的平衡的极致，这才是做产品的艺术。

3.5 如何挖掘需求

需求对于产品是事关生死的大事，挖掘需求就是产品寻宝的过程。挖掘到了实实在在的需求之后加以满足，是做出成功产品最基础，也最重要的步骤。

挖掘需求首先要明确用户场景和问题。挖掘需求也是一个寻找用户痛点的过程，所以首先要思考，什么样的用户，在什么样的场景下，遇到了什么样的问题，我们解决这样的问题是否有价值，价值有多大。这个步骤的核心是提问题，提问题是一门技术，这个环节的问题有两个依据：1. 聚焦、明确且开放；2. 明确用户、场景、问题。问题一定要聚焦，有些人的胸怀很大，提出的问题基本都是该联合国考虑的问题，这种问题基本不是能在一个企业中，通过一个产品去解决的问题。

例如，"解决用户的吃饭问题"，这基本上就是一个国家领导人要考虑的问题，而不是一个产品经理要考虑的问题。作为产品经理，应该从可以着手的功能点去思考，这就是一种聚焦的能力。同样是和吃饭有关的问题，我们可以去思考"解决用户出差到新城市，不知如何选择餐厅的问题"，这是一个确定的问题，而且用户适合场景在于"出差到新城市"，问题是"不知如何选择餐厅"。另外一种错误的问题是，问题客观存在也是产品的问题，但没有明确的产品和标准。例如，"用户留存率低"，这是一个产品常见的运营指标问题，但究竟是什么产品，留存率有多高多低，什么的留存率，都没有明确，这就会造成很多歧义。一个更加明确的问题可能是"短视频社区，次日留存率低于30%"。第三种典型的错误问题，是在问题中进行主观臆断，例如"用户不愿意写评论"，我们很容易把问题归结于"愿不愿意"，但如果没有进行过大量用户的意愿性调查，我们是没有资格说用户是否愿意的，要描述现状而不要轻易进行评价和归因。所以可能看到的状态是"某电商平台，用户购物后评论率低于10%"。提出正确的问题之后，就需要明确解决这个问题的价值，不是所有的问题都有价值去解决，如果有的问题对应的场景太过细分、用户太少，就要去思考解决这个问题能够带来的价值。所以，我们需要先大致评估一下解决这个问题能够带来的价值，如果有价值，才有必要去思考解决方案。

例如，解决"用户出差到新城市，不知如何选择餐厅"的问题，这能提高商旅人士出差就餐的体验，有可能作为一款差异化产品的卖点，获得一定的用户口碑和品牌价值。同时对适合商旅人群的本地餐厅的推荐，可以帮助产品拓展一定的餐饮企业渠道，还有可能在这里有商业化的价值，这样的产品未来还可能对于旅游人群的餐饮推荐有所扩展。这就是此功能如果解决可能带来的价值。又如，"某电商平台，用户购物后评论率低于10%"，提高购物后评论率，对于形成对商品的评价体系有很大的帮助，Amazon 发布过一份报告，表示一个购物后评论的价值在 200 美元以上。而这样的评价体系，又可以帮助买家进行质量的鉴别，提高产品体验和黏性，而对于商家，也可以奖优罚劣，成为一种非常好的生态化 UGC（用户生成内容）。

完成了需求的第一步准备，就可以进入需求的拆解步骤，我们用 5 种维度对需求进行拆解。在这里先说明一下，每一种新的方法在学习使用初期都会感觉比老方法慢，这是一个非常正常的过程。很多顶级运动员都经历过重新设计、打造自己的运动方式的过程，例如刘翔就曾经修改过自己的跨栏核心技术。这个重新学习的过程，必然要经历成绩不升反降的过程，这是因为新技术的掌握程度并不熟练，但使用熟练后，成绩就会大幅度提高。本书介绍的很多方法也是一样的，学习的过程是一个忘记曾经的方法，再把新方法放进去的过程。

这个拆解方法的核心是通过 5 个维度对需求进行多维度思考，它们分别是：积极、转移、否定、拆解和脑洞。

以某短视频社区，次日留存率低于 30% 为例，用这 5 个维度进行拆解。首先是积极，积极的含义在于，要通过给用户好处、减少用户使用成本、让用户的使用过程更有趣等方式，达成产品目的。

提高次日留存，我们可以这样做：

◆　如何让用户在第二天打开手机就直接观看。

◆　如何让用户更方便地观看。

◆　如何给用户观看后的好处。

◆　如何让用户知道观看有好处。

◆　如何让用户观看的方式更丰富、有趣。

小提示： 给用户好处很重要，让用户知道你给了他好处同等重要，不要先天以为你给了用户好处他就一定能感知到。和对人一样，对他好，还要让他知道。

其次，是转移的方法，含义在于用一种力量，推动用户完成产品目的，例如：

◆　如何让 UP 主（在视频网站、论坛、FTP 站点上传视频、音频文件的人）驱动用户观看。

◆　如何让系统提醒用户观看。

◆　如何让用户的好友驱动用户观看。

◆　如何让其他 App 提醒用户观看。

小提示： 如何让其他App提醒用户观看，乍看很不靠谱，别的App怎么会帮助你提醒。但请记住，用这5个维度进行分析的过程，先不考虑可行性，最重要的是先把所有的可能性列出来，对于产品来讲，很多事情不是"不可能"，而是认知限制思路。这个五维方法，目的就是打开这些"不可能"的思路。

第三种方法是否定，有两个主要的思路。一是如何让用户"不得不"，应用在我们的案例中就是如何让用户第二天不得不继续使用。还是要记住，不要在这个环节考虑思路的合理性，在现在这个环节的核心就在于要利用框架，把思路打开，而不是用"可行"这个常规思维限制我们的思路；二是"考虑这个目标背后的目标，思考如果不能完成这个表面目标，是否可以用别的方法达到背后的目标"。例如，这个案例中的提高次日留存率，也只是我们做产品长期价值的一种方法，而不是最终的目的。提高次日留存是长期留存、提高用户终生价值的基础，在这个否定的思路中，可以思考"如何即使次日留存不提高，也能提高长期留存，或者提高长期用户价值"。

第四个方法是拆解，拆解的方法有 3 个思路。一是把目标进行"动作分解"，也就是次日留存这个数据，是要经过什么样的步骤才能达成的。具体来讲，就是第一天下载、激活、使用，第二天主动打开或者发送消息提醒打开，之后从数据中看每个步骤的转化率和衰减率的数据，从而思考哪个步骤的衰减率最高，用于定位问题，找到解决方式；二是"找到第二天留存的人有什么共同特征"，例如用户的性别、年龄、地区等属性标签是否有某种代表性。例如 Facebook 就发现，第一天使用的用户如果可以加 6 个好友，次日留存率就会显著提升，于是就通过很多维度的推荐算法推荐好友，从而提高产品黏性；三是把第二种思路反过来，考虑"第二天流失的用户有什么共同特征"，也可以从用户属性和用户行为两个方向进行思考。例如，如果发现用户使用了某个功能之后就会流失，那这个功能很可能是一个反向需求（用户不需要甚至很反感的功能）或者产品出现故障，这样的定位能帮助我们比较准确地找到产品的改进点。很多产品都有类似的 Aha moment（"灵光乍现""顿悟""茅塞顿开""突然开窍"的某个瞬间），例如 Dropbox 的关键点在于用户上传了一个文件，Twitter 的关键点在于用户出现了相互关注行为，类似这样的"牵挂"操作，都是一个产品形成长期使用黏性的基石。

第五个方法是脑洞，除了前面的 4 个方向，我们还能天马行空地想到所有的可能性，都可以放在这里。例如，第二天如果不打开产品，就会造成用户浑身瘙痒难耐；第二天如果不打开产品，那么他无法正常出门。看上去是笑话，但脑洞这个环节就是这样的，我们在日常工作中，已经被培养成"遵规守矩"的好员工了，我们需要一个环节释放想象力。例如我在爱奇艺工作时，曾经做过一个创新产品，在网页上观看一个视频的时候点击一个叫作"绿尾巴"的按钮，然后打开爱奇艺 App，用手机敲击看视频的计算机键盘的空格键，这时网页视频暂停播放，而在 App 中会从这段视频的播放点开始继续播放。两个设备之间都没有账号登录，也不需要在同一 WiFi 环境中。这种黑科技的功能，源头就是在一次聊天中，我和几个工程师聊到播放记录是否可以跨设备无账号登录，脑洞出来的场景将其最终实现。很多时候，限制我们的不是技术，而是想象力和勇气。如果你的团队没有这样的脑洞氛围，也没有关系，可以自己在纸上写出这些脑洞，然后找到可以实现的，慢慢建立这样的氛围。

通过这 5 个步骤，我们列出了很多思路，例如：

- 如何让用户每天观看。

- 如何让用户在第二天打开手机就观看。

- 如何让用户更方便地观看。

- 如何在用户观看后给好处。

- 如何让用户知道观看有好处。

- 如何让用户观看的方式更丰富、有趣。

- 如何让用户知道观看对 UP 主有意义。

- 如何让 UP 主驱动用户观看。

- 如何让系统提醒用户观看。

- 如何让用户的好友驱动用户观看。

- 如何让其他 App 提醒用户观看。

- 如何在次日不看也能提高长效留存率。

- 如何让用户不得不观看。

- 如何让用户不需要打开 App 也能观看。

- 如何让用户在没有网络时也能观看。

- 如何让用户觉得不观看对不起 UP 主。

- 次日在什么条件下，认为用户没有主动访问意图，如何提醒用户打开 App。

- 用户首日什么样的行为能提高次日留存率。

- 如何提高观看提醒的点击率，且不造成用户干扰。

- 如何提高用户观看感受度。

之后就要在每个思路下找到解决的方法，之所以在上一个步骤中不去思考是否能实现，就是在于思路和方法是两件事情，而且一个思路可以用很多方法解决，做产品就是要抽丝剥茧地一步一步解决问题。

在这个步骤中，要对于每个思路列出尽可能多的方法，例如，对于"如何给用户观看后好处"，我们就可以用如下的方法。

◆　观看之后送积分。

◆　观看之后送钱。

◆　观看后可以抽奖。

◆　观看后有免单的机会。

对于"如何让用户在次日使用手机马上观看"，我们可以用如下的方法。

◆　提前推送信息。

◆　短视频闹钟。

列出所有可能的解决方案之后，我们就可以对找到的方法进行排序。

需求排序可以说是产品经理的 ·个大问题，我们都会有一个长长的需求列表，记载着各个部门的需求、用户反馈的建议、自己的新想法和老板的命令，现在我们用 HMW（全称 How Might We，即"我们可以怎样"）的方法拆解出一堆新的需求，但如何进行排序。不少公司在排序上吵架，还会使用"会哭的孩子有奶吃"的方法，但这些都不是科学的方法，在需求管理上的 ICE 框架可以帮到你。

ICE，是 Impact（影响范围）、Confidence（自信程度）和 Ease（实现难易度）的英文缩写，通过衡量这 3 个维度来计算需求的优先级。

这 3 个维度都使用 1~5 的数字进行量化。影响范围指的是这个功能上线后有多少用户可以感受到和使用到。例如，如果是开屏启动画面，基本就是全量用户体验，可以定为 4，作为基线，那么如果一个非常大的市场推广，影响范围超过全量，可以定为 5，而如果是一个频道或者局部功能，例如购买后评论优化，这个打分就会比较低。

自信程度是指，对这个功能上线后对目标达成的效果的预测。需要注意的是，这个预测是基于单个用户的，而不是对整体效果的预测，例如"观看之后送积分"这个功能的效果影响，就要考虑对单个用户后续次日留存行为的影响，而不是"上线了这个功能，会有很多用户会用，总体效果如何"。因为，总体效果是由影响范围和自信程度叠加产生的，单独在每个项目的计算上需要拆解思考。依然是 1~5 的数字，认为效果大为 5，小为 1。可能你会觉得这个数据是一拍脑袋想出来的，在某种意义上，这个数字的确是拍脑袋来的，所以才叫"自信程度"。但这个拍脑袋，就体现了产品经理的经验和手感，这个数字估计得准确与否和产品水平关系很大，而提高这个能力的方法就在于对上线后数据的复盘，如果开始估计是 4，最后的效果只有 1，那就需要在后续对类似的功能有更加清醒的估计。同时，使用 ICE 的方式确认排序也可以成为团队共同建立的共识，如果一个人长期拍胸脯把自己提出的需求认为自信程度很高，但实施效果很差，就要降低他的信誉和影响力。

最后，实现难易是评估功能的综合实现难度，包括开发成本、运营难度、推广成本等。这个数字是越容易越大，如果改一个参数的举手之劳是 5，那么需要做科研还不一定做得出来的就是 1。

方案	影响范围	自信程度	难易度	总分
观看之后送积分	3	4	4	11
观看后免费抽 VIP	3	5	2	10
次日更早进行推送	4	3	5	12
跨界合作包装做提示	4	2	1	7

对于"提高次日留存率"这个问题，我们就可以把刚才的穷举法放到这张表格中进行评估。例如"观看之后送积分"，这是观看后的用户才能体验到的，所以影响范围是 3，而对积分这事情还是有些自信，毕竟积分有一定的牵绊，由于已经有积分系统的接口了，做这个功能只需要把播放器和积分系统的接口打通，研发经理预估 1 周上线，所以难易度打了 4 分。观看后免费抽 VIP 的影响范围和观看后送积分相同，但抽奖感觉上比积分的吸引力更大，因此自信程度更高，但研发经理和你说公司目前没有抽奖系统，需要开发一个月才能上线，所以难易度是 2。次日更早进行推送，这个对所有的新用户都有用，比观看用户的数量更大，所以影响范围打了 4 分，但觉得推送的点击率确实不高，即使更早发送，也不一定有意义，不过运营经理觉得有用，自信程度打了 3 分，而且比较好的是，操作这件事情非常容易，只需要安排编辑第二天早点来公司发推送就可以了，所以举手之劳的难度是 5。市场总监提出了一个想法，可以在一个全国知名品牌的矿泉水包装上印上产品二维码，扫码后打开 App 提高激活率，这个品牌的销量很大，所以影响范围至少是 4，但大家一致认为，自己买过很多瓶矿泉水，也看过很多二维码，但基本都没有扫过，所以自信最多是 2，而即使市场总监去谈这个事情，也是八字没有一撇的高难度事件，所以难度打了 1 分。列出这些数字之后，就在每一行进行加和，得到每个方法的 ICE 总分，分别是 11、10、12 和 7，接下来的排序就容易了。

方案	影响范围	自信程度	难易度	总分	排序
观看之后送积分	3	4	4	11	2
观看后免费抽 VIP	3	5	2	10	3
次日更早进行推送	4	3	5	12	1
跨界合作包装做提示	4	2	1	7	4

所以，优先第二天更早发推送，然后把积分功能安排上。看到这里，不知道你有没有意识到一个问题，就是产品经理需要考虑的不只是某一个功能好不好，还需要考虑成本，产品经理就是要经营和管理产品，而 ROI（投入产出比）是需要重点考虑的。时间、开发成本是产品的核心成本，如果有方法能以很低的成本进行验证试错，就应该尽早进行。因为在这个小步快跑不断迭代的过程中，我们除了实实在在地优化产品体验，还可以迅速获得新用户的反馈，通过认知的迭代，加快产品的升级速度。

3.6 用KANO庖丁解牛

为什么产品中有的功能，上线前和上线后一个样？很多时候，产品的成功不但取决于做了什么，还取决于不做什么。

做产品的时候，有的时候会发生这样的现象：

1. 进行了一次改版，数据上并没有发生什么变化。

2. 从别的产品"学习"了一个功能，放在自己的产品上发现并没有什么效果。

3. 总觉得自己的产品少了点儿什么，但又说不出是什么。

所谓"外行看热闹，内行看门道"。专业的产品经理要像庖丁解牛一样，在眼中不是一头囫囵的牛，而是要能清晰地看到骨骼、肌肉、内脏。而 KANO 模型就是产品经理手中的屠牛刀。KANO 模型是东京理工大学教授狩野纪昭发明的，对用户需求分类和优先排序的工具，以分析用户需求对用户满意的影响为基础，体现了产品性能和用户满意之间的非线性关系。

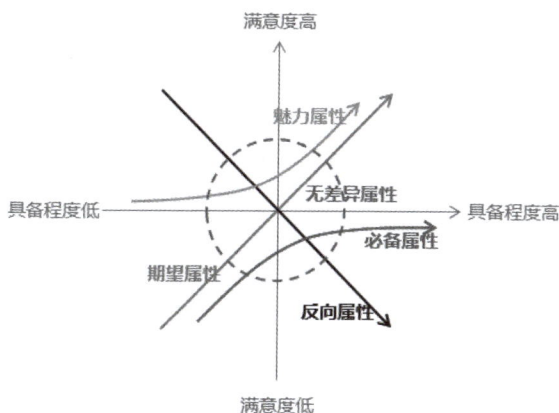

根据产品的具备程度和用户满意度的 4 个象限，产品提供的功能被分为 5 种属性。

◆ 必备（基本）属性（Must- be Quality/ Basic Quality）

◆ 期望（意愿）属性（One- dimensional Quality/ Performance Quality）

◆　魅力（兴奋）属性（Attractive Quality/ Excitement Quality）

◆　无差异属性（Indifferent Quality/Neutral Quality）

◆　反向（逆向）属性（Reverse Quality）

必备（基本）属性： 当优化此属性时，用户满意度不会提升，当不提供此属性时，用户满意度会大幅降低，这是一个产品"应该有"的功能。例如微信的聊天功能就是必备属性，没有这个功能的微信就不能称为微信了；对于爱奇艺来说，视频播放功能就是必备属性，没有这个功能爱奇艺也就称不上是一个视频 App 了。但这种类型的属性很特别，是一种非对称属性，之所以说是非对称属性，就在于如果不提供此属性（需求）或者满足度低，用户的满意度会大幅降低。例如微信如果不提供聊天功能了，上头条新闻是必然的结果。而如果这部分属性（需求）满足水平降低，例如信息丢失、长延时等，都会造成极多的用户差评，毕竟这是"应该有"的功能。对于视频类产品来说，在视频播放中流畅度就是必需的，用户可以容忍低清晰度但播放流畅的体验，但不能接受高清晰但一秒三卡的状态。但在优化这类属性之后，其满意度并不会有什么变化，没有人会夸奖微信"你看，居然能顺畅地把消息发过去啊！"也没有人夸爱奇艺"真不愧是上市公司啊，看视频居然不卡啊！"因为这是"应该有"的。这并不代表这类属性的属性（需求）和功能不重要，恰恰相反这类功能是需要持续优化，并且保证高体验度的。因为必备属性是一个产品的基本面，也是用户使用这款产品频度最高的部分。例如爱奇艺为了达到"比流畅更流畅"的效果，在流畅度上做了很多细节的优化。在播放过程中如果用户调整清晰度，常规的产品设计是这样操作的。

1. 暂停当前视频播放。

2. 开始加载新清晰度视频的数据。

3. 开始播放。

没有任何错误，但这样的操作会在步骤 1 到步骤 3 出现卡顿和黑屏的现象，优化后的方案是：

1. 以目前预加载数据的末端为起点，开始加载新清晰度数据。

2. 播放到末端时开始播放新清晰度视频。

这样的操作可以让视频完美、平滑地进行切换。用户会有一种说不出来的"爽"的感觉，这往往是更有价值的。

期望（意愿）属性： 当提供了此属性，用户满意度会提升；当不提供此属性，用户满意度会降低。期望属性是产品优化的重点，也是每次更新版本中体现最多的部分，属于产品的"必争之地"，微信的朋友圈、功能账号就属于期望属性。因此，微信在这两个部分多次大幅修改，小改更是频繁。如功能账号从最早的版本，将其混合在聊天列表中，之后合并在公共账号中，再到最近的信息流版本，顶部增加常用公共账号的快速入口，都能时刻感受到微信团队的设计理念及用户属性的变化。对于爱奇艺这样的长视频平台，更快地找到自己想看的内容就是期望属性，因此，对于搜索、推荐这样的内容发现功能，无论是界面、算法，甚至小到视频封面图片应该选取视频截图还是海报，应该做怎样的图片优化都是持续优化的重点。

魅力（兴奋）属性： 用户意想不到的，如果不提供此属性，用户满意度不会降低，但提供此属性后，用户满意度会有很大提升。这部分属性在于给用户的惊喜，在用户意想不到的地方，做出出人意料的设计。例如，微信的"摇一摇"功能就属于魅力属性，且不说"摇一摇"摇出来附近的人，光是第一次看到电视节目与"摇一摇"配合抽红包，就足以让人惊艳了。微信红包最初也是一个魅力属性，这种让人意想不到的功能让用户出现情感溢出，带来大量的分享传播。所谓"情感溢出"，就是这个功能"太有趣了""太酷了"，这里的重点在于"太"字，这种无处安放的情感必须通过分享的方式来抒发才行，这就构成了当年微信红包在一个春节假期带来的银行卡绑定数量，赶上了支付宝用期望属性花了几年才达到的数量。

魅力属性做起来很难，其一是本身魅力属性的功能需要跳脱传统的思维，天马行空地进行无中生有，所以对创意提出了更高的要求。而且更难的一点是这种属性的功能，并不是用户使用过程中可以提出的，无论用什么样的用户反馈和调研都很难找到其蛛丝马迹，因为魅力属性本身就是意想不到的功能，不提供用户满意度也不会降低，所以开发者并没有紧迫度。但随着互联网行业进入了下半场，想打造一款成功的产品，魅力属性又是必不可少的。因为此时用户红利日益缩减，用户获取的成本日益高涨，如果一款产品没有强大的用户自传播、自增长的能力，将会在用户获取上缺少竞争力。而用户的自助传播很大程度上是通过情感溢出带来的。而且魅力属性也是用户口碑、产品品牌的来源，让用户"爱"上产品必须拥有"魅力"。

无差异属性：无论提供或不提供此属性，用户满意度都不会改变，用户根本不在意。无差异属性是最容易浪费产品开发时间的，太多的功能是"有用"的，但又不真的"有用"。我们很多时候做了一个功能，上线了新的版本后，发现数据没有变化，一种可能性是做了必要属性的优化，数据效果无法很直接地显现出来，但更大的可能性是，这个功能满足的是无差异属性的需求。这种属性对于用户来讲是可有可无的，如微信，在"我的"页面上对其他产品的导流入口就属于无差异属性。我们每天使用微信的时间这么长，但现在能记起几个"我的"页面的导流入口？去掉几个对用户来讲也并没有什么差别，这种就是无差异属性。我们在做产品的时候容易犯的一个错误，就是在无差异属性上浪费时间，因为产品总是希望有所作为，总要策划新的功能，总是要发布新的版本。但在其中，如果不从用户的底层需求洞察真正的期望属性，那么做的很多功能极可能落入无差异属性的陷阱之中。所以，做产品也要有"断舍离"的意识，最简单、最精准地解决用户的核心需求，才是高手之道。

我们在工作中一定学过"紧急重要四象限"，在这 4 个象限中，紧急重要和不紧急也不重要最容易辨识。而一个产品的成败，往往也在于对重要不紧急和紧急不重要的取舍上。魅力属性对于一个产品来讲，就是"重要不紧急"的，因为没有用户能够直接提出来，不去做也不会降低体验度，这样的状态就最容易造成拖延，毕竟没有外部压力推动。而紧急不重要的需求很多情况下是无差异属性，多一个不多，少一个不少。往往是某个用户、某个同事、某个领导的灵光乍现、心血来潮产生的，而兴师动众上线之后对结果并没有太大帮助。但由于有外部的压力，往往推动速度反而很快。所以，真正从底层思考和辨识用户的需求属性，做出正确的取舍，事关产品最终的成败。

反向（逆向）属性：用户根本没有此需求，导致提供后用户满意度反而会下降。反向属性看上去是不好的，但很多时候是一个产品生存所必需的。如爱奇艺的广告功能，一定是在绝大多数用户心中的反向属性，没有人喜欢看广告，而且每天都有很多"广告量太大"的投诉，但是，反向属性往往是实现和扩大产品商业价值所必需的要素。一个成功的超市，也会把可乐、薯片放在离收款台最近的货架，而到达这个货架，你需要从可能根本不需要的服装、厨具、电器的货架旁匆匆走过。但线下商场的动线设计就像广告一样，都是商业化必不可少的要素。我们能做的就是让这些反向属性尽可能地减少对用户体验伤害的同时，尽量提高其商业化价值。例如，在很多App 的开屏广告上，过若干秒后关闭广告功能就是一个非常优秀的设计。一方面可以让用户有一个说服自己"等"广告的借口，"不需要等待整整 15 秒，而是过 7 秒钟之后就可以关掉，这是一个有良心的公司啊！"另一方面，广告最怕的就是播放的时候用户把手机放下，等到播完之后再使用，而这样"你只需要等 7 秒哦，如果不注意关掉你可就吃亏了"的心态，会让用户更长久地把注意力放在广告上。并且，关闭的按钮往往很"凑巧"地做得比较"精致"，比正常的手指甜区略小，甚至有部分产品做的按钮的热区大小比视觉尺寸略小，误点击率可是无法和点击率区分的。

所以，我们在做产品思考一个功能的时候，并不是有用户提出一个需求就去设计开发，而是需要分析这个需求究竟属于 KANO 模型的哪个属性。持续夯实必备属性，持续优化期望属性，给魅力属性资源和空间来提高品牌口碑，分辨并摒弃无差异属性，减少反向属性的体验伤害的同时提高商业价值，才是做产品正确的思路。

那问题来了，如何辨识用户的需求究竟处于 KANO 的哪种属性，这里有一个用户访谈的方法：问用户在这个产品中增加某个功能之后的态度，以及在这个产品上如果没有这个功能的态度，看一下两个方向的比较结果。例如：

如果在微信上增加基于兴趣的陌生人搜索功能，你的评价是：

A. 我很喜欢　　B. 它理应如此　　C. 无所谓　　D. 勉强接受　　E. 我很不喜欢

现在微信上没有基于兴趣的陌生人搜索功能，你的评价是：

A. 我很喜欢　　B. 它理应如此　　C. 无所谓　　D. 勉强接受　　E. 我很不喜欢

之后将调研结果放入下面的表格中，在两个维度上进行比对，中间的交集对用户来讲，就是这个功能究竟是什么属性的需求了。

产品/服务需求		负向（如果*产品*不具备*功能*，您的评价是）				
	量表	我很喜欢	它理应如此	无所谓	勉强接受	我很不喜欢
正向（如果*产品*具备*功能*，您的评价是）	我很喜欢	Q	A	A	A	O
	它理应如此	R	I	I	I	M
	无所谓	R	I	I	I	M
	勉强接受	R	I	I	I	M
	我很不喜欢	R	R	R	R	Q

A：魅力属性　　　　　　　　**O：期望属性**　　　　　　　　**M：必备属性**
I：无差异属性　　　　　　　**R：反向属性**
Q：可疑结果（通常不会出现，除非问题本身有问题或用户理解错误）

在这里可以看到，如果一个功能有"我很喜欢"没有"无所谓"的回答就是魅力属性；如果有"无所谓"没有"我很不喜欢"的回答就是必备属性；如果有"我很喜欢"没有"我很不喜欢"的回答就是期望属性。而其他很多情况都会落入无差异和反向属性中。可以说，做产品如果只是拍拍脑袋想出一个功能设计就进行开发，从概率上讲，大多是没什么价值的。通过这样的表格，我们可以更好地找准功能与需求属性的状态，更有效地设计产品。

3.7 通过需求分析，找到自己和商业世界的接口

公司也是你的用户，用需求分析揣摩公司的需求，成就自己的职业人生。

在商业世界中，我们每个人都是"产品"。这并不是一种"物化"，还记得产品的定义吗？产品是能够供给市场，被人们使用和消费，并满足人们的某种需求的任何东西，包括有形的物品，无形的服务、组织、观念或它们的组合。那么，我们在职场上，也是为企业提供某种服务而获取报酬的形式，因此，我们每个人都是"产品"。接受了这样的设定后，我们就应该用产品经理管理产品的思维和方法来管理和优化自己。毕竟对于我们来讲，一生最重要的产品并不是管理一款 DAU（日活跃用户）上亿的 App，或者自己创业有一天可以鸣锣上市，我们一生最重要的产品是名为"自己"的这款产品。优化自己、成就自己，才是最重要的。那么，这款产品在职场上该如何进行优化呢？我认为最大的关键点就是进行需求分析，站在企业的角度上，考虑它需要什么，而不是自己需要什么。我在各个公司负责面试招聘的时候，或是与很多人日常沟通的时候都会聊到一个问题，就是他最重视公司的什么，绝大多数人的回答都是"自己能不能成长""能不能学到东西"和"有没有人带"。在我初入职场的时候也有"过来人"和我讲，应该在面试的时候这样回答，因为比回答"待遇和福利怎么样"显得更为上进。但深入思考这两种答案，似乎也并没有什么差别，这两种答案的本质都是"我需要什么"，无论是学习机会还是收入都是自己在这份工作中想要的东西，而不是公司需要的东西。这样的问题，在很多人的简历上表现得尤为突出，下面看一份典型简历中的一句话。

本人熟练使用 Office，精通 PRD 撰写、UE 绘制，在 3 年内设计过 3 个产品，总计 15 个模块。在公司负责召集产品会议，与研发人员沟通需求。本人有很强的抗压能力。

这种类型的简历我每年都会看到很多份，我相信大多数人也都经历过或者经历着这样的简历阶段，我们用需求分析的思路看看这份简历有哪些问题。

首先，我们用 KANO 模型做一下拆解，对产品经理这个岗位来说什么是基本属性。我认为最基本的是劳动技能，如撰写 PRD、绘制 UE、推进项目等，这类技能的行业水平基准线还是一直水涨船高的，自身的技能在这样的背景下还会出现不断贬值的趋势。例如在 2000 年前后，很

多人的简历会把"熟练使用 Office"当作核心卖点，但在现在估计写出来会让人贻笑大方。再极端一些看待，在 1990 年可以进行熟练的计算机打字都能以此谋得一份不错的工作。工作的技能底线是不断提高的，昨天的魅力属性今天就变成了期望属性，而明天就会沦为"这是应该的"必备属性。而在简历中写入大量的"必备属性"会让人感觉你对这个岗位的理解非常表面，所以我们应该尽量避免写入大量的必备属性。

　　这里就引入了一个问题——我们需要对产品经理这个岗位进行分析，分析这个岗位的期望属性和魅力属性分别是什么。思考产品经理的晋升之路是怎样的，产品经理是一个相对笼统的概念，如果进行细分就会看到，入行之后，最早进入的是"产品专员"的岗位，之后晋升为产品经理，然后是产品总监和 CPO（首席产品官）。每个不同阶段的岗位需求是不同的，产品专员的核心需求是成为产品经理的助手，是产品经理手、眼、脑、脚、口的延伸，具体来说就是，协助自己的领导完成撰写 PRD、绘制 UE、督促项目、召集会议等工作，减少产品经理为事务性工作的时间开销。所以在这个阶段，产品专员的本质是公司的动作层，也就是为自己的动作负责，而不对产品的结果负责，工作的对象是原型、产品文档等。这样就拆解得比较清晰了，这个阶段的必备属性就是执行力、撰写文档的能力；期望属性就是 PRD 的准确性、UE 的高保真、基本的数据分析能力；而魅力属性是创新能力（这个阶段如果能留下一个"这个小伙子／小姑娘很有想法和思路"的印象是很加分的）、制作 PPT 的能力（PPT 是产品经理一个重要的对外输出工具，如果 PPT做得足够漂亮，可以给别人留下深刻的印象）。而这个阶段的成长重点也就是尽最快速度补足必备属性（这是在一个公司安身立命的关键点，如果不具备就很难生存），持续提高期望属性能力，想办法培养自己的某个魅力属性，并积累下一个阶段所需要的能力——真正设计掌控一款产品的能力，而产品专员阶段是培养这个能力最好的时间。可以通过"偷学"的方法快速成长，当领导分配一个任务之后，不要只是简单、机械地完成，要额外做几件事情：

　　1. 要思考为什么，为什么要做这件事情，可能是为了提高某个数据，也可能是为了解决某个问题，还要思考为什么解决这个问题要这样做，这个阶段开始时可能想不明白原因，但一定要想，想了之后自己先记下来，为了以后反思和复盘。

　　2. 要学习和其他部门沟通的经验，很多人说由于不懂技术，在和技术人员沟通开发时间、需求评审的时候有障碍，其实这也是可以通过这个阶段的学习来弥补的，可以在这个阶段偷偷记录某个需求大致需要的周期和难度，当你知道了一个登录注册模块大致需要两个人工作一个月，一个投票模块如果调用第三方一个人工作一周的时候，就会慢慢找到规律，便于以后自己和研发人员沟通。

　　3. 复盘，除了跟踪一个产品的设计与上线，更重要的是在上线之后跟踪数据结果，并且要和之前的目标进行比较，如果发现结果和目标偏差很大，不要嘲笑自己的领导，更重要的是思考为什么会有这样的偏差，如果自己做会怎么操作。如果结果和目标相符，除了佩服自己的领导还要记录下来，以后在类似的条件下解决类似问题可以用类似的方法。人工智能本质上也是通过放入海量"训练集"形成智能的，而我们在初入职场时更需要这样的"训练集"。有了这些积累，当我们有机会独立掌控一款产品的时候，曾经的积累都会变成极为宝贵的经验。

从产品专员晋升到产品经理，重点工作和能力模型有了很大的差异。首先是工作的目标变了，产品专员是"动作层"，只需要为自己的具体动作结果负责，并不对产品最终的结果负责。成为产品经理后，从"动作层"升级为"任务层"，开始为产品的结果负责了。在这个阶段就要背负真正的 KPI（关键绩效指标）了，无论是 GMV（网站成交金额）、DAU（日活跃用户数量），还是转化率都要负责。这对于认知和能力来讲是一个跃迁，而不是简单的线性增长。这个阶段的能力变化，不是能把 PRD 写得更快，也不是把 UE 做得更漂亮、更高保真能解决的。如果一个产品经理看不到更高岗位能力上跃迁的要求，就有可能最终会成为"资深产品专员"而一直达不到合格产品经理的要求。在产品经理层面，需要的必备属性是需求分析、模块级别功能设计、数据分析能力，此时 PRD 和 UE 的制作能力，开始降级为完成设计和沟通的手段，而不是工作目的。而期望属性是项目管理能力和领导力，首先项目管理能力是产品完成业绩一个很关键的要素，尽管在很多企业已经配置了专职的项目经理，但依然建议产品经理具备可靠的项目管理能力，因为项目意味着时间可控性，而 KPI 都是与时间相关的，如果控制不了时间，也就失去了对结果的把控力。而领导力也是在产品经理的阶段一定要加强的能力。注意是领导力而非管理能力，产品经理这个岗位很特别，虽然叫作"经理"，但很多时候并没有很多下属，而且一个项目中很多工种，包括设计、交互、技术、测试、运营，并不向产品经理汇报，所以无法用"管理"的方法解决问题，这就要求产品经理要培养自己的领导力，要把自己对产品的信念、理解让所有人接受，真正愿意为此付出努力，这是一个产品能否成功的关键。在这个阶段的魅力属性是制作 PPT 的能力、汇报能力以及创新能力，因为产品经理对上级汇报的机会很多，通过自己的产品宣讲给大家留下深刻的印象，是这个岗位的一大优势。而且这些好的印象加分，对做产品本身也有着非常大的价值，因为产品经理本身是需要贩卖信任感的。程序员所做的工作，本质上是一种"确定性"工作，也就是接到一个需求，可以用最短的时间、最高的效率、最好的效果完成，就能有好的评价。而产品经理在产品发布上线前，没有人能保证产品的市场效果，如何能让别人在产品发布前对自己有更大的支持，创造更好的职场环境，对于这个岗位来讲非常重要。领导力是对于团队的，而 PPT 和汇报能力是一个与上级沟通，争取更大资源支持的重要方法。

再升职到产品总监的岗位，就又是一次新的跃迁。这个阶段进入了管理层，需要解决的就不只是"事"了，而是要开始处理人际关系。而且很多产品、模块都在一起进行管理，各种优先级、关系的权衡也带来了新的复杂度。这个阶段的必备属性是部门管理、市场分析和竞争分析，要提升的核心能力在于人员的管理以及多业务之间的协调，并且要能从市场上发现新的机会。期望属性是行业洞察能力、抗压能力和沟通能力，这个阶段会出现大量的跨部门沟通和向上级沟通以及对外沟通情况，沟通会成为非常重要的工作，而且这个"上面没有老大"的状态，会将一个公司的所有产品指标背负在产品总监身上，对抗压能力的要求也是之前没有的。而魅力属性在于领导力、模式创新能力，如果能通过一次模式创新，带领大家走出迷雾，无疑会成为公司的英雄。

所以，在不同阶段找到岗位的定位，了解公司对这个岗位的"产品需求"，把自己打造成适应这个市场的优质产品，才是我们在职场上进步的最有效方式。很多人在面试的时候，当面试官问到在乎公司的什么的时候，往往会说："在乎能不能学习成长"或者"有没有人带"，这当然也不错，能体现出自己好学，但从另一个角度上说，你的成长并不是公司最关注的事情。成长是自己的事情，而更多考虑公司对这个岗位的需求，才是公司希望你更多思考的内容。

第 4 章

优术：产品分析

谈过了势与道，再聊一聊术。这里需要注意的是，有的人会觉得"术是下品，不足与谋"，这个想法是错的。势、道、术是并列的关系，缺一不可，如《孙子兵法》中的"道、天、地、将、法"一样，都是互为掎角之势的。如果一个人只看中势和道，而没有术作为支持，最后很可能会沦为"思想上的巨人，行动上的矮子"。而产品经理除了规划和思路，还在于通过落地执行形成结果与效果，"顶天"还要"立地"，因此"优术"绝对不能被轻视。

4.1 优术要优在什么地方

资源永远是有限的，做好一个产品，不只是需要确定做什么，很多时候，"舍"更为重要，这就是关键路径选择的意义。

做产品的一个很大的困惑在于，能优化的地方太多了，尤其是在产品初期，似乎方方面面都比不上成熟产品，永远会有一个长长的需求列表，而技术人员的排期已经是几个月后了。当面对这种情况我们究竟应该怎么解决呢？要知道无论在什么样的公司，做什么样的产品，资源永远是稀缺的。尤其是研发资源和时间，在任何阶段都是非常宝贵的。所以，我们要做的关键判断，在于如何把好钢用在刀刃上。而产品真正"杀人"的刀刃，是关键路径。

所谓"关键路径"，是产品实现商业模式的核心用户路径。以长视频产品来讲，有两个核心商业模式——广告和会员。两个模式的关键路径都在于让用户能找到更多自己想看的内容、观看体验更好，从而产生更多的观看时长及黏性。那么，这其中就有 3 个关键节点：1. 选择更加优秀的内容；2. 让用户找到自己想看的内容；3. 观看体验。

选择更优秀的内容似乎和产品经理这个岗位没有太大关系，感觉上更偏于内容采购的工作，但在爱奇艺，这也成了产品经理的重要任务。现在 S 级的电影、电视剧，无论是制作还是版权，成本都已经是上亿元的天价，但是同样的价格，播放的效果却是天差地别的。业内人士有一个说法："投资影视剧本质上和赌石区别不大，外表看着光鲜，买下来切割开才能知道有多少玉石。"美国好莱坞，之所以被称为工业化的内容生产方式，并不只是因为制作过程通过大量专业化分工达到了"工业级"状态，而包括一个内容是否值得投资、投资多大体量，都已经进入了"工业化"预测的标准。于是爱奇艺开发了一套基于大数据的内容效果预测系统，通过原始版权在文字状态的阅读量、付费用户数、连载期间的微博热度、百度贴吧的热度、文字版权用户画像等数据，推算出最适合出演的演员是谁，适合在什么平台、通过什么宣传方式以达成最好效果，以及最终的播放效果和会员转化率的预估。这套系统在 2018 年的预测准确率已经超过 70%，公司还为这个系统起了一个很有诗意的名字——"璞玉"。所以，很多公司是以业务主导或者内容主导的，都是没有真正看清楚产品和技术在这些工作中可以起到的作用。在大数据、AI、效率这些方面，产品技术对人效（人的效率）都是可以实施降维打击的。

在有了优质内容之后，还需要让用户看到自己想看的内容。所谓"你关心的，才是头条"，个性化推荐在目前内容型产品中的优势已经非常明显了，淘宝网的"千人千面"、今日头条的"信息流"都是个中翘楚。而在这个以人工智能和算法主导的推荐系统中，产品应该承担什么样的职责呢？很多做产品的朋友都会担心在 AI 时代没有了产品经理的立足之地，这是一个错误的观点，任何技术都无法脱离用户需求和业务场景而孤立存在。以爱奇艺的推荐系统来讲，其包含了协同过滤和相关性两个体系的混合算法，而在相关性算法中，究竟一个内容应该包含多少种标签，以及各组标签的权重关系，需要细化到每个频道的设计，电影频道可能更多考虑的是电影出品国家、主演、类型、年份等要素，而音乐频道可能要顾及的是歌手、音乐类型、节奏速度、专辑等方面，而这些都不是单纯地通过算法可以解决的。了解业务，通过最新的技术解决问题，才是产品经理的法宝。更有一些超越算法的推荐方式，人工的规则强于算法效果，如电视剧在最新一集播放完毕后，推荐随后两集的预告片和片花，连播完播率超过任何算法的推荐效果。整体播放完成之后推荐幕后花絮、主题曲也是通过产品思路得以优化的体验。

　　在用户找到自己想看的内容之后，就要进入核心体验——播放流程中了。在播放体验中有两大核心，一是流畅，二是高清。需要注意的是，流畅体验的要求一定排在高清之前，用户可以接受流畅但不那么高清的体验，但不会接受蓝光 4K，播一秒卡三秒的"幻灯片"。常规会认为，"流畅"体验做到播放不卡顿已经到了极致，无法再提高了，而事实上对流畅的极致追求远不止于此。首先，用户在网上观看视频，最常见的动作就是拖动进度条，拖动之后的延迟播放时间就成了用户心理感知"流畅"的一个重要环节。此外，用户的使用环境也是非常多样的，如 WiFi、5G、4G 甚至 3G。同样是 WiFi 环境，在不同状态下也会有各种不同的速度。如何尽可能地保证在各种环境中用户流畅的体验就成了第二个要解决的问题。为了解决这个问题，爱奇艺在各大网络运营商体系和教育网建立了自己的机房和 CDN，并且建立了几百个覆盖全国用户的信息反馈机构，任何地方的用户只要出现播放卡顿，我们都会派专人跟进解决问题。因为一个用户的问题，很可能就是几万用户的问题。这一层解决的就是用户在各种不同状态、不同区域和情况的卡顿问题。但这依然还不够，如何让用户在带宽本身不够的情况下依然可以进行流畅观看？尽管这是一个"用户的问题"，但用户不会考虑是自己的问题，只会选择他们使用起来最舒适的产品。为了让用户获得更好的观看体验，爱奇艺率先在视频产品中使用了 4 种码流：急速、流畅、高清、超清，急速码流甚至可以在 3G 环境下流畅观看，并且通过对编码系统的升级，解决了码流不均匀造成的卡顿问题。这就解决了第三层——保证更多用户类型的使用体验。第四层解决的也是一个频度较高的操作"更换清晰度"，这个功能常规的产品设计会采用"暂停目前播放，加载新清晰度码流，再开始播放"的逻辑，但这样的处理方式，在暂停播放到加载新清晰度码流的过程中，依然会有一个无法避免的卡顿状态。于是爱奇艺升级了这个流程，变成"在目前下载缓冲尾部开始加载新清晰度码流，播放到此位置平滑过渡"的方式，最大限度地保证了"流畅"体验的平滑过渡。

　　所以追求一个体验的极致，不只是字面上的状态，而是要从不同的用户、场景、状态、操作，每个点滴细节入手，思考如何才能"比流畅更加流畅"。

　　流畅的问题解决之后，下一个问题就是高清的体验。可能与很多人的第一反应不同，高清的基础并不在于编码系统的强大，或者使用更高的带宽码流。高清最重要的基础，是找到最高品质的片源。说来很有意思，曾经有一段时间，爱奇艺花了大价钱买到的正版授权，只是一个授权，并不包含视频素材，或者只包含低清晰版本的素材，于是，公司动员了很多渠道，各处寻找高清版本的视频文件。而且高清版本介质的格式还有很大的差别，对高清 Beta 带、VCD、DVD、蓝光光盘等各种编码格式的文件，花了很大的精力做统一格式的工作。之后才进入统一编码系统，这个系统基于 H.264 并进行了大量的二次开发，使编码效率更高，并且做了很多特别的优化。例如，我们在观看视频的时候，技术清晰度和体验清晰度是有差别的，技术清晰度是一个参数，如 1080p（Progressive Scanning）、4K（指分辨率为 4096 像素 ×2160 像素，是 2K 分辨率的 4 倍），但体验清晰度才是用户能感知到的效果。不知道你是否有这样的体验，当观看一段视频的时候，每个画面都是有明确的观看重点的，尤其是前景的人脸和字幕，会抢夺人们绝大部分的注意力。这两部分的清晰就成了"体验清晰度"优化的重中之重。在这一点上，爱奇艺着重做了两件事情：一是通过人脸识别技术，识别出前景人物的面部，将编码更多地放在人脸局部的优化上，让视觉清晰度更高；二是对字幕进行了特别优化，字幕的清晰度比平均值高出很多。这两个焦点区域都清晰了，从整体感知上的清晰度也就提升了。这也是做产品"好钢用在刀刃上"的一个重要逻辑，用户有感知的部分，才值得投入更多力量，进行重点打造。

所以，通过提高码流提高清晰度并不是最高投产比的方式，而在一定的"局限性"条件下思考问题，即在同等码流条件下，提高清晰度的感觉，才是产品创造的核心价值。

优术，应该在这样的核心体验上，做到比流畅更流畅，比清晰更清晰，比用户更懂用户，才能超越市场和竞争对手。

4.2 竞品分析的竞与品

竞品分析是做产品的第一步，就如写书法大多通过描红入门，产品经理的"描红"就是学习优秀竞品。

谈到优术，最常用的一个方式就是"他山之石可以攻玉"的竞品分析。打造一款产品，并不是一件很轻松的事情，反而过程可以说是如履薄冰。互联网产品经理可以说是被相对低廉的开发成本"惯坏了"，所以动辄就"试错"，但不要忘记，如果在传统行业，一个产品的设计定义往往是非常严谨的，因为一次开模、一个立项，动辄就是百万、千万甚至上亿元的投资。其实做产品试错不是目的，最多可以说是一种态度和方法，为的是可以走上正确的路。做产品的常态可以描述为"摸着石头过河"，河里的水是液态的，就像是市场中充斥着的不确定性，河对岸是目标，而竞品分析就是获得确定性石头的一种方法。如果一个产品和我们服务的用户一致，提供的服务也一样，它的功能如果在体验和数据指标上都很好，那就代表大概率被市场验证了，而如果一个功能无人问津，最终只能草草下线，那么这种功能也会成为河水中的枯骨，提醒我们不要重蹈覆辙。查理·芒格有一句名言"如果我知道我会死在哪里，那么我一生都不会去那里。"说的也是这个道理。

如何更好地进行竞品分析，很多人把视角放在了"竞"上，仿佛提到竞品，就是不共戴天的厮杀。殊不知，大多数产品的死亡，并不是因为所谓的竞品厮杀，而是在于根本没有被市场接纳。所以在看待竞品时，把焦点放在"竞"上，不如放在"品"上，这个"品"不是产品，而是品位。品味是产品经理一个很重要的能力，进入互联网行业的下半场之后，产品已经不只是工程师开发质量优良的功能的阶段了，而是要在产品中融入情感，融入人文精神，要对用户心智有着更为敏锐的洞察能力，而这些都对产品经理的品位提出了更高的要求。《说文解字》中"品"的定义是"众庶也"，"品"就是泱泱之口，是众多庶民，是老百姓，品位便是老百姓的味道，俗称"接地气"。国家统计局在 2019 年发布了一份《中华人民共和国 2018 年国民经济与社会发展统计公报》，收入最高的20%的人的平均可支配收入是64934元。不知道看到这个数字后你会有什么样的感受，大概觉得自己拖了后腿。我相信，互联网的从业者、产品岗位的工作人员，收入大概率是远超这个数字的。2019 年职友集做过一份"北京互联网产品经理收入调研"，平均月薪超过 22000 元。所以，如果我们立志做一款一亿 DAU（日活跃用户数量）的产品，或者按照现在的市场趋势，要做渠道下沉的产品，我们就必须理解并洞察广大人口级用户真实的生活状态和消费心理。这才是真正老百姓的品位。而竞品分析的最大价值就是帮助你以几倍甚至几十倍的效率走别人走过的路，避别人踩过的坑，判断真正的需求和价值。

4.3 竞品分析的目标

在进行竞品分析的时候，第一步并不是分析，而是找到对的竞品。

这句话乍看很奇怪，会有谁找不到竞品吗？很多时候，还真未必能找对，我们很容易犯的错误就是认为"同行是冤家"。同行很有可能不是冤家，而是我们最好的朋友。

在行业分析中探讨过一个行业的价值链分布问题，专业的人做专业的事情，企业和产品也是一样，企业在社会经济体中，一定是有上下游的，基本不太可能做到全产业链打通。所以在同一个行业中的上下游企业，基本上是合作关系，不会构成竞争。那么，我们在寻找竞争对手时，应该按照什么样的方法进行操作呢？我建议按照两个维度四个象限进行确认，两个维度分别是用户和服务。

如果目标用户和提供的服务都相同，无疑是高度竞争的对手，例如，都是为成年人提供娱乐类长视频点播服务，那就是爱奇艺和优酷这种关系。

如果用户相同，但提供的服务不同，这就类似都是针对成年人，但提供的服务一个是视频服务，一个是电商服务，就基本不构成竞争了。二者不但不构成竞争，在很多时候还很有可能成为合作伙伴，如爱奇艺和京东之间的会员卡"打通"服务，就是"用户共享，扩展服务"的方式。但这种状态的同盟必须有足够大的服务差异度，有足够强的壁垒才能长久共存，如果"护城河"比较浅，很可能会出现跨边界竞争的状态。如视频领域的长视频和短视频，从最初的状态上看，也算得上是同用户不同服务的状态，甚至在初期也有不少合作，但用户并不觉得这是两种服务，在用户的心中，无论视频的长短，最终都属于"文娱"内容，所以在 2018 年 2 月 15 日，短视频的 DAU 超越了长视频，而长视频产品发现这样的态势之后，也在自己的产品体系中增加了短视频功能，而短视频也开始尝试增加版权类长视频内容，一场大战从此拉开帷幕。

如果服务相同，而用户不同，基本不构成竞争，或者会出现低强度的竞争，例如有一款叫作"糖豆广场舞"的 App，顾名思义，目标群体是爱跳广场舞的人，而提供的服务是针对广场舞人群的短视频服务。从服务范畴上说，糖豆广场舞和抖音提供的服务是相同的，但用户年龄差异很大，因此并不构成竞争。但需要知道的是，很多时候企业和产品有持续增长的欲望，在这样的欲望驱动下，如果已经拥有了提供服务的基础设施，而另外一个群体的产品需求已经验证了商业模式，又没有足够强的壁垒，很有可能会出现"门外的野蛮人"。

如果服务不同而用户也不同，那就确实是井水不犯河水了，如爱奇艺和一家做 SaaS（通过网络提供软件服务）的公司，这就完全不会构成竞争，因为竞争的路径实在太长了。

上述方法是找到和确定竞品的第一步，毕竟，如果找到的产品和自己的产品没有竞争关系，那么后面做的所有事情都是南辕北辙的。

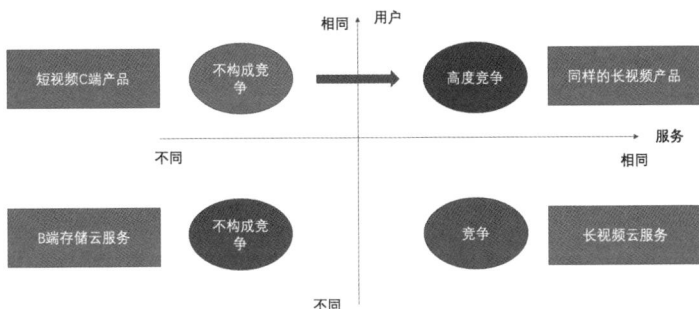

寻找竞品的另外一个关键点在于，不要认为"同行是冤家"，由于社会化大分工，在现在的状态下，同一个行业中的企业很可能不是竞争对手，还是很好的合作伙伴，竞争只会在大行业的一个小的局部战场开展。如果你做的是 MCN（多频道网络）业务，那么广告代理就会成为你的上游企业，和你就是一种合作共生的状态。"没有中间商赚差价"，这只能成为一种外行人的表达方式，而事实上，了解整个产业链价值分布，找出"敌友关系"，从而"远交近攻"才是明智的做法，如图所示。

4.4 竞品分析的框架（上）

分析竞品，绝对不止"别人有这个功能""此处对方用了这个颜色""并没有我的好看"这样的表层分析，就像对人，我们不能只看其颜值一样，产品的分析也要鞭辟入里。

找到了正确的竞品，就要开始分析了，这里介绍一套竞品分析方法——"五层九维法"。作为专业的产品经理，我们的视角要变得立体，能够拆解的维度越多，往往越能看到别人看不到的更多细节和逻辑。很多人在进行产品分析的时候，往往只停留在"视觉层"，就是这个产品好不好看，这个产品多一个什么功能。这些固然是分析的要素，但真正的竞品分析绝对不止于此，这也就是为什么很多产品经理在自己的产品被用户发了"好人卡"之后，只能抱怨"它明明没有我的好看，为什么你爱它！"。产品对用户的吸引力和一个人的吸引力方式类似，都是"始于颜值，陷于才华，终于人品"的。如果只是分析表面的样式和功能，就很难理解真正引起用户兴趣、创造最大价值的部分是什么。

以视频的搜索来讲，如果只是停留在表层分析，可能就会得出这样的分析报告。

优酷   腾讯视频   爱奇艺

优酷、腾讯视频、爱奇艺的搜索体验分析报告

搜索框样式：腾讯视频没有出现具体的搜索边框，用户容易找不到；而优酷的搜索默认推荐词的颜色和背景颜色区别度太小，不容易识别；爱奇艺的搜索边框使用了 VI 颜色，比较突出。

搜索历史功能：优酷采用单列的排版方式，容量相对较少；腾讯视频和爱奇艺都采用两列排版，信息容量更大。

其他：优酷在搜索界面底部放置广告，而腾讯视频和爱奇艺采用了热门搜索排行榜，感觉信息利用率更高，而且爱奇艺的热门搜索排行榜用了两列的方式，信息量更大。

此外，三家公司的产品都有清空搜索历史记录的功能，优酷采用图标 + 文字的方式，而腾讯视频采用纯图标的形式，爱奇艺采用纯文字 + 标红的方式。

这样的报告有价值吗？肯定是有的。价值大吗？肯定是一般的。毕竟在搜索功能方面可以很容易地想象到，搜索结果的数量、准确度、结果排序、速度等比上述的分析有更大的价值。那么，我们来说说"五层九维"。

首先，"五层"是什么？设计一个产品，思考一个产品，都需要从底层到表层，逐层、自下而上地去考虑。我们一般所说的样式，只是五层中的表现层，交互是框架层，这些都只是为战略层服务的一个工具而已。真正的底层是战略层，也是我们所说的初心、发愿，然后是范围层、结构层、框架层和表现层。所以，如果你只把思维放在了一个产品和其竞品的某一个按钮、某一种颜色、某一个交互的差别上，可能你的眼光只是盯在了表现层和框架层上，而这个产品真正重要的底层的才华和人品到底是什么？其实你并没有把握住。

再来梳理一下五层的架构。战略层，核心关注的是企业的愿景、产品的定位、需求的把控、用户的习惯和商业的模式；范围层，核心把控的是主要的功能、核心的功能、次级功能架构和业务流程的设计；结构层关心的是结构的信息、信息架构、常规功能、特色功能实现情况和用户流程的分析；框架层要考虑的是操作情况，刷新页面跳转、查询、交互、框架、界面设计、导航设计、标签设计、细节点这样的基于 UE 层面的东西；而表现层关注的多是 UI、VI 层面的东西，包括视觉表现、布局、排版、配色等。

下面用一个长视频会员的产品来分析其五层结构。

还是分析爱奇艺、优酷和腾讯视频。如果分析会员类产品的第一分析要点是价格，就还是停留在了一个比较浅层次的维度。首先要思考，一个用户购买会员资格最关键的决策要素是什么？视频的会员产品核心就是两大核心价值，第一个权益是去广告，第二个权益是看到会员专属内容，而相比去广告，看到会员专享内容对用户而言更重要，内容是会员产品最核心的价值，所以，内容、权益、功能这些都是会员产品的关键性要素。我们还是继续按照五层法进行分析。

首先 3 个产品的战略层其实差异不大，都是希望为用户提供更好的视频内容，而会员产品无疑也是可以形成用户和产品之间更加长久、稳定的关系的。

范围层是核心价值，应该将其框定在核心内容上。如果在内容的层面，到底什么样的内容才会被用户购买？我认为版权类产品四大类的内容是用户青睐度最高的，分别是电影、电视剧、综艺、动漫，很少有用户会为 MV、短视频、预告片付费。那么，在范围层，首先来看一看电影的部分，国内版权、海外版权，爱奇艺、腾讯视频和优酷有什么样的差别？

首先拆成 3 种不同的分类进行比较——免费、会员、会员点播。另外要考虑内容的更新速度和质量，用户只会为一些特定的内容付费，而绝对不会因为其数量足够大而付费，2000 部非常陈旧的影片，比不上一部当红的节目。而内容的质量可以通过其实际的播出效果来评估，具体来讲，可以通过院线票房、豆瓣评分和网络播放量来思考。如果大家愿意在电影院去花钱买票观看，那么它能形成付费观看的可能性就大。播放的次数和豆瓣的评分也能成为用户选择的依据。通过考察这三个维度，我们形成了一个对于内容本身的比较表。

片源	2016TOP20	票房亿元	播放亿次	豆瓣	优酷	腾讯	爱奇艺
国内版权	美人鱼	33.9	12.2	6.9	免费	免费	免费
	三打白骨精	12.0	7.0	5.7	VIP	VIP	VIP
	湄公河行动	11.8	18.8	8.1	VIP	VIP	VIP
	澳门风云3	11.2	9.2	4	免费	免费	免费
	盗墓笔记	10.0	1.6	4.8	无	免费	免费
	绝地逃亡	8.0	3.7	5.6	VIP	VIP	VIP
	从你全世界路过	8.0	1.9	5.4	VIP	VIP	VIP
	不二情书	7.9	22.9	6.5	VIP	VIP	VIP
	叶问3	7.7	5.4	6.3	免费	免费	免费
	唐人街探案	6.8	7.5	7.5	免费	免费	免费
	使徒行者	6.1	4.3	6.7	免费	免费	免费
海外版权	疯狂动物城	15.3	4.5	9.2	点播券	点播券	点播券
	魔兽	14.7	2.0	7.8	VIP	VIP	VIP
	美国队长3	12.5	1.9	7.7	点播券	无	点播券
	功夫熊猫3	10.0	5.5	7.7	免费	免费	免费
	奇幻森林	9.8	2.1	7.8	点播券	点播券	点播券
	星球大战7	8.3	无	7.1	点播券	点播券	点播券
	X战警：天启	8.0	无	7.9	无	无	VIP
	惊天魔盗团	6.4	无	6.5	无	无	独播
	蝙蝠侠大战超人	6.2	无	6.6	无	VIP	无

其中可以看到，在 2016 年《美人鱼》《三打白骨精》《湄公河行动》《澳门风云 3》等一些电影独占鳌头。通过比较就能看出在电影新片上，大家的核心差距其实没有那么大，只在一些细节上会有一些差别，如《美国队长 3》腾讯视频上没有，《X 战警：天启》只有爱奇艺有，《蝙蝠侠大战超人》只有腾讯视频有，只是在这些细节上形成了一些差异，这是范围层的比较。那么，

如果你去看爱奇艺在电视剧和存量电影上面的差异，就会发现这个差距才是真正的问题焦点。

TOP250经典电影	优酷	腾讯	爱奇艺	对比
无片源	124	111	87	TOP250里，优酷片源最少（有50%）；爱奇艺最多（有65%）
别人有，仅TA无	34	25	9	仅自己没有：也是优酷劣势，爱奇艺显著占优
VIP电影	70	84	107	优酷会员，比其他家，尤其爱奇艺，可看优质片源少；
点播用券	7	7	1	且还需"另用券"数量多
免费	51	48	50	三家数量差不多，但更TOP的50部电影，腾讯：爱奇艺：优酷 = 12:8:3 腾讯免费质量更高，我们最低

　　除了内容，还要看在整个产品体系中，还有什么样的功能提供给用户，这也是会员产品售卖的核心价值。那么，在下图中可以看到腾讯有非常丰富和完备的会员成长体系，不得不说腾讯在所有用户端的个人等级成长体系都做得非常好，并且和 QQ 的体系一脉相承，所以其特权升级，包括好友排行，基于腾讯的一些特质以及资源做到的一些功能，如通过社会化关系的好友会员排行榜，使系统本身有非常强的社交性和自传播力。在观看付费影片方面，每小时能够送出 5 点成长值，对于活跃用户和提高黏性会有比较大的帮助。爱奇艺的会员成长体系也有非常明确的等级成长设计，有各种不同的级别，在 App 上用户可以签到、抽奖，有一定的互动性，但是受限于好友的缔结关系，没有优质的社会关系链，只能做整体的成长值排行。而优酷的等级设计比较单薄，成长特权的功能引导并不多。更多的是基于个人去做的，播放时长、观看会员影片数，更多呈现了一种播放日志的状态，缺乏任务体系和会员引导。

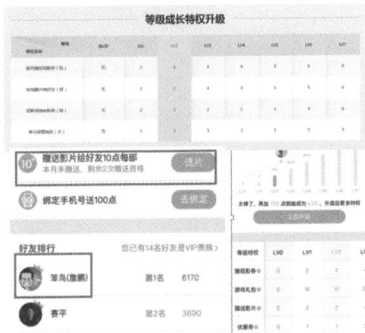
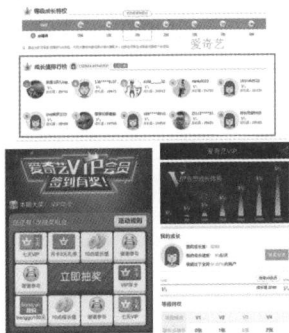

　　第三层，结构层。结构层更加关注的是一些特色功能，可以比较一下爱奇艺和腾讯视频的用户分享机制。在我们关注一款产品的时候，除了要关注它本身的一些特质，尤其要去关注和增长相关的设计。

因为在互联网行业进入下半场后，获取用户的成本变得越来越高，所以一款产品如果没有设计用户自增长的功能就是不合格的。爱奇艺采用的方法是"推荐有礼返现金"：通过分享链接，推荐好友购买会员资格，好友的会员时间可以得到延长，分享人自身能够得到现金奖励，这是一个双赢的结果，所以两方面都能得到一些好处。返现的排行榜能够刺激用户参与这种活动，其优点其实就在于返现这样一个最直接的方式，具有非常强的吸引力；腾讯视频采用的方法是"开通会员送红包"：用户购买会员资格，完成支付后赠送会员红包，再拿这个红包分享给好友，体验会员功能增加潜在客户。腾讯视频和爱奇艺的模式出现了差异，并不需要"逼迫"你的好友付费。所以两套的逻辑实际上是不太一样的，一个是直接去增加付费用户，另一个是增加潜在用户。这些"大同小异"的细节往往更能思考出产品的独特气质——腾讯的体系，基于真实的关系链有可能是熟人关系；爱奇艺式的分享，有一种"逼迫"的嫌疑，让你的朋友去开通会员资格，而自己获利，无疑对某些用户是有伤害的。反之，爱奇艺本身没有关系链，用这样的方式反而更加直接、有效。所以一个功能是否优秀，除了要考虑功能本身，一定不能脱离场景和资源进行分析。

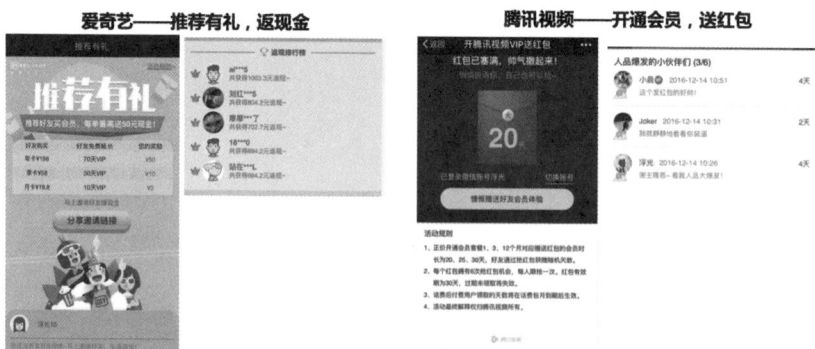

第四层，框架层。框架层是包括用户的具体操作流程用到的功能设计，也就是通常说的 UE 部分。下面分析 3 个产品开通会员的流程：爱奇艺 App 在右上角有会员按钮，鼠标悬停在按钮上会出现浮层，展示会员特权、领取 IP 福利、做任务领奖励。点击登录之后，在当前页面弹出新浮层，默认进入有连续包月购买方式的入口，直接用支付宝或微信扫码就可以完成付费并开通会员资格。优酷 App 右上角有会员按钮，点击之后打开新页面，进入优酷的会员频道。在这个频道中再去寻找开通会员的按钮，点击该按钮后在页面弹出层中扫码支付。腾讯视频的实现方式和交互体验与优酷相似。如果按照一个经典理论——每多一步操作都会损失 50% 的用户，那么交互的流程应该尽可能短。

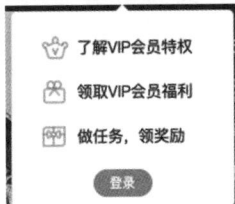

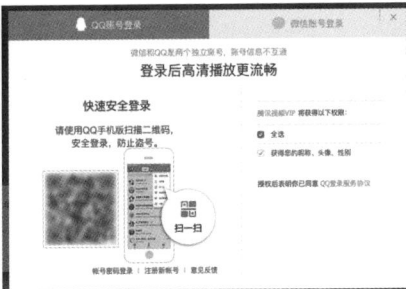

第五层，表现层。这一层更多考虑的是感知视觉效果，包括 UI、VI、排版、样式，大家都比较熟悉，那么我们就从一个特别细微的点来看它们的差异。看一下三家会员图标不同的设计方式。给你 5 秒的时间，思考一下，你更加喜欢哪个样式。

其实喜欢哪个样式并不重要，这里有个人偏好的问题在影响你的判断。所以，即使在分析表现层的时候，也应该从更深的维度思考设计的差别。如第 1 种和第 3 种都有 VIP 的标识，而第 2 种没有，在中国由于用户的高度分化和差异，增加文字会提高识别度。此外，比较第 1 种和第 2 种的小皇冠设计，第 2 种使用了一个更加扁平化的风格，但是有一个问题，金色其实并不是一种色彩，视觉中的金色是黄色加上材质感才会有更好呈现；第 2 种图标由于对扁平化的追求，金色的材质表现度其实并不是特别高；而第 3 种方案是在字母 V 上面加一个领结，这里可能会存在几个问题，首先，一个晚礼服加领结是否是尊贵感最直接的表述方式，皇冠是一个明确的尊贵感的象征，而用晚礼服到底是一个 King（王）、Sir（先生）还是 Waiter（服务生），容易产生歧义。其次，这样一个标识，男性感比较强。领结加上西服的衣领，这样一个带有明显的性别特征的呈现方式，对于另一部分用户的代入感并不是特别理想。

设计解决的绝不只是美感的问题，应该从一些专业的维度去思考色彩心理、风格等要素。产品经理可以不去学 PS（Photoshop 软件），也不需要会作图，但是为什么这样设计，什么样的风格适合什么样的用户群，你必须有所了解，这样才能成为看得懂门道的内行。

以上就是五层结构的详细拆解。总结一下，战略层思考这个产品的方向，思考底层商业模式和用户需求；范围层思考产品核心创造的价值、具备的功能和资源，在这个层面上去思考到底是内容还是功能取胜；在结构层思考产品的特色功能，如用户增长和裂变，以及一些和别人不同的差异化功能；框架层考验其交互设计，如操作是否是足够便捷；在表现层思考设计的细节，包括风格、理念。这就是"始于颜值，陷于才华，忠于人品"，和真正的人一样，产品也绝不只是因为它好看，就能够吸引人。好看可能只会带来第一眼的缘分，但是如果一个产品被人长期使用，一定是其有更丰富的内涵。

4.5 竞品分析的框架（下）

上节讲到了五层法，本节来谈谈"九维"，简单概述"九维"就是，看全局、动底层、品细节、驱行动等。

"九维法"中的九维分别是，市场趋势、企业的愿景和产品定位、目标用户、市场数据、核心功能、交互设计、产品优缺点、运营推广策略、总结及行动点。

1. 市场趋势

市场趋势，在本书讲述"行业"的部分做了一些说明，一个行业是否值得投入，首先要看其市场的总量，看一看这个市场的天花板有多高。一般认为，一个至少是千亿级别的市场才是一个比较有发展，能够容纳足够多企业的状态。如果一个市场每年的容量是几亿元。几千万元，那么它可能还没有一些大市场上的头部企业一年的规模大。所以，我们做竞品分析时，先要从宏观看这个市场到底值不值得去竞争？如中国移动广告市场目前是 6000 亿元到 9000 亿元的规模，到了 2022 年，预测能够达到万亿元的规模，这就是一个市场的天花板的状况。

2015-2022年中国移动广告市场规模

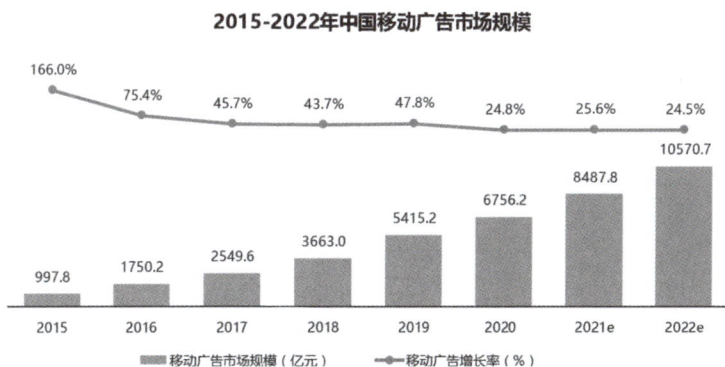

其次，每个行业都会有很多细分赛道，在整体规模之下，还要研究细分的占比。例如，移动广告本身就是网络广告的细分，而短视频营销又是在移动广告市场中的一个细分，我们研究得越细，就越能精确地定位我们的产品和竞品的立足点。

2016-2020年中国短视频营销市场规模

头部短视频媒体平台开始
集中推出商业化平台，并
形成一定商业变现规模

一方面，短视频营销还
处于上升期，仍会保持
相对较高的增速发展；
另一方面，基于用户红
利消退和头部平台方已
经过走过集中商业化阶
段，未来短期不会再出
现爆炸性增幅

200.8%　　520.7%　　134.3%　　70.9%

7.5　　22.6　　140.1　　328.1　　560.9

2016　2017　2018　2019　2020

短视频营销市场规模（亿元）　　同比增长率（%）

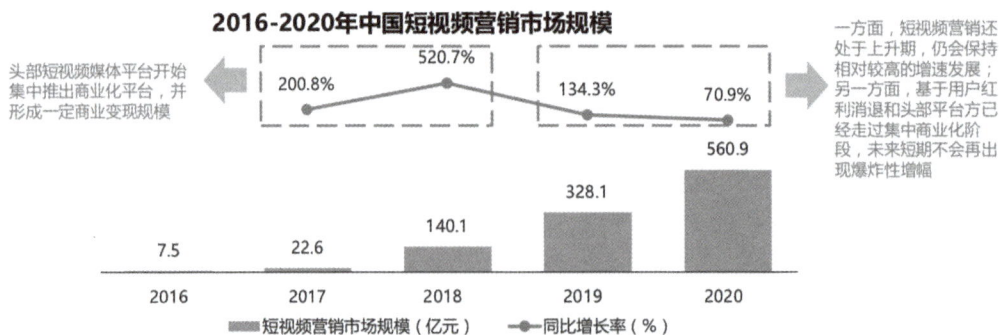

最后，分析变化趋势，既要看规模，也要看增长速度。如果一个市场规模很大，但增长势头却在衰退，就不一定是活跃的市场。这些变化趋势可以帮助我们确定投入产品之后，能否借势搭上顺风车，进入一个快速增长的赛道。所谓"站在风口上，猪都能飞起来"，说的就是这种方式。

2．企业的愿景和产品的定位

企业的愿景和产品的定位处于"五层法"中的战略层。这里有一个寻找竞品企业战略的窍门：to C 产品的战略写在对方的新闻稿上，to B 产品的竞争战略写在对方的网站上。一个 C 端的产品，当它融资成功或者出现重大市场行为的时候，会发出新闻稿，往往会把企业愿景和产品定位显性地呈现出来。例如"只二"这个产品可能是一个比较小众的二手服装交易平台。从其新闻稿中可以看出，它采用的是 C to B to C 的模式，也就是当服装要去进行二手交易的时候，它的模式和闲鱼的模式不同，并不是直接和另外一个消费者交易，而是将二手服装交给平台，由平台进行清洗、估价、拍摄、上架、交易。还可以看出它的一些发展策略，其 2016 年 1 月上线，从 C to B to C 的买断模式开始，现在要去把服务延伸到包袋、珠宝、鞋靴了。

36 氪首发：手交易平台"只二"完成数千万美元 B 轮融资，将围绕核心优质用户扩展服务

"只二"上线于 2016 年 1 月，从 C to B to C 的买断模式切入二手服装市场，用户只需要打包自己的衣物发送到"只二"，后续的清理、拍摄、上架和销售都由"只二"完成。次年"只二"将服务延伸至包袋、珠宝配饰及鞋靴，同时增加寄卖模式，以保证高客单价商品的交易体验。

而 to B 的企业更加明确和直接，可以通过企业官网很容易地看出其思路。很多的企业官网就是公司战略的 PPT，加上在线下单的功能，这些网站的结构非常类似，下页上图是 3 个处在完全不同行业的企业网站截图。

　　这些 to B 的产品官网，其实大多数都是 Logo 在左侧，中间有一张非常大的图，表明企业的目的。此外，导航栏上都是产品和服务或者解决方案、成功案例、关于我们。无论做新零售还是做广告、创意平台，基本上不会跳出这个模式，在这上面就能看到很多的信息。往往其焦点图就已经写出了自己的战略和目标，例如 ETCP（智能停车场），它为停车场提供智能道闸，这里不再需要人工收费，用户扫描二维码付费就可以了。那么，在这个焦点图上，其公司的使命和愿景都已经显性地写出来了。公司使命是"让物业愉悦管车，让车主愉悦用车"；公司愿景是"成为优质的互联网停车场运营商，让停车更美好，改变车主用车方式"。所以可以看出其双用户的特点。另外，它要成为运营商，而不是满足与成为设备提供商，也就是说，它一定会介入后续的支付和数据系统。

　　"亿百分"是一家做新零售解决方案的公司，焦点图上也能比较清晰地看到其发展战略是新零售整体解决方案，目标为传统零售行业数字化转型赋能，为零售企业提供精细化运营解决方案。

3. 目标用户

　　目标用户是分析产品时非常重要的元素，哪怕提供的服务相同或类似，但如果目标用户不同，产品的结构和逻辑会有非常大的差别。例如，同样是做电商的，做奢侈品电商的"寺库"和走低价拼团的"拼多多"，它们的用户完全不同，发展通路和用户体验也会有天壤之别。以女性消费者为主体的"小红书"和以偏男性打折诉求为主的"什么值得买"，目标用户也有质的差别。这就会让它们在社区呈现状态和推荐单品类型上呈现不同的方式。同样是短视频社区，主打广场舞的"糖豆"和"抖音"相比，因为用户年龄的差别，也必然从内容呈现、社区形态、运营体系上呈现出完全不同的生态系统。

　　用户画像的一些重要维度包括：行为数据中购物消费行为、信用、搜索记录、运动方式、投资、热点、喜好、旅游和使用频次。基础用户信息数据中的身高、性别、星座、受教育程度、体形、家庭住址、是否有子女和子女的年龄、文化水平、婚姻状况、用户地址等都可以成为我们分析的要素。

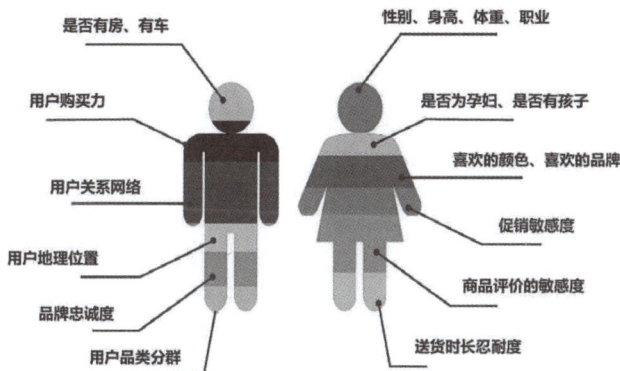

4. 市场数据

除了行业的宏观数据，我们还要了解产品的微观数据。尤其是头部企业，需要了解它们现在的具体数据和市场份额变化。通过第三方的报告，可以看到很多产品用户量的状态、变化趋势，以及它们之间此消彼长的趋势。

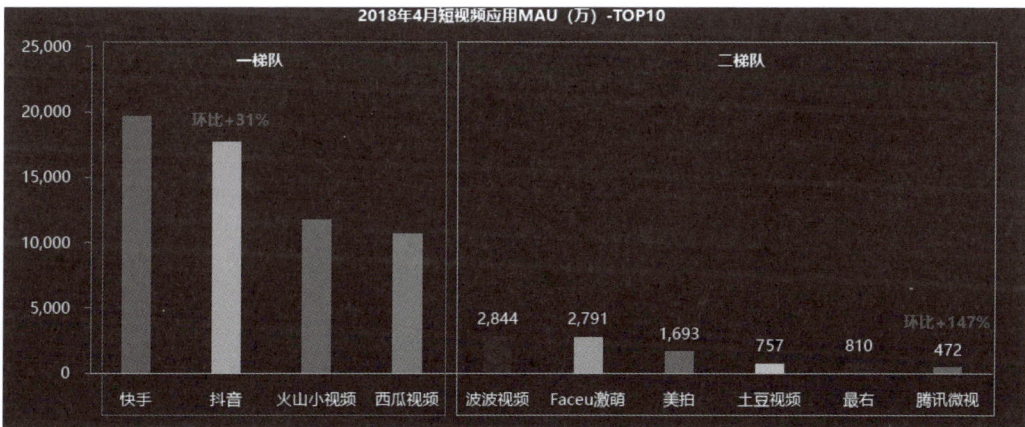

5. 核心功能

核心功能处于前文阐述的范围层，了解 to B 的产品体验往往比较麻烦，但它们网站的很多内容可以帮我们做概要性的了解。如亿百分，通过其网站可以看到它的新零售的解决方案包含什么要素——微信的应用号和小程序、运营管理平台、大数据分析平台。通过这样的方式，让到店的消费者变得可识别、可分析，并精准触达消费者。这样就可以看到，小程序其实是触达消费者端的工具，核心在于大数据和用户的精准识别，以及基于大数据进行数据营销。运营管理平台就是在背后所提供的增值服务。

我们的新零售解决方案

重构人货场之间的关系。让到店的消费者变得可识别、可分析、可触达。线上线下打通互导，利用被识别资源分析其隐藏的商业秘密，并精确触达到消费者。

微信小程序，线下会员线上化入口，打通线上线下会员体系，轻会员管理，营销活动精准触达

运营平台管理，不仅是小程序配置工具，更是零售企业定义活动主题、营销计划、精准客群筛选、事后评估与改进的综合运营管理平台

大数据分析平台，基于海量的用户交易数据建立分析模型，通过数据挖掘算法建立客户价值分析、流失预警、交叉营销等精细化营销策略

了解详情　　　　　　　　了解详情　　　　　　　　了解详情

6. 交互设计

交互设计和五层法的框架层类似，要思考的就是用户和系统交互的层次逻辑以及每一层的信息架构。重点需要关注的是，用户在使用产品的过程中的易用性，以及每个界面和交互过程中的信息密度。

7. 产品优缺点

产品优缺点分析，最常用的框架就是 SWOT 分析，通过"优势""劣势""机会""威胁"4 个方面综合比较产品和竞品之间的优劣关系。但需要注意的是，在 SWOT 分析框架中，依然要在更深层的维度进行通盘考虑。

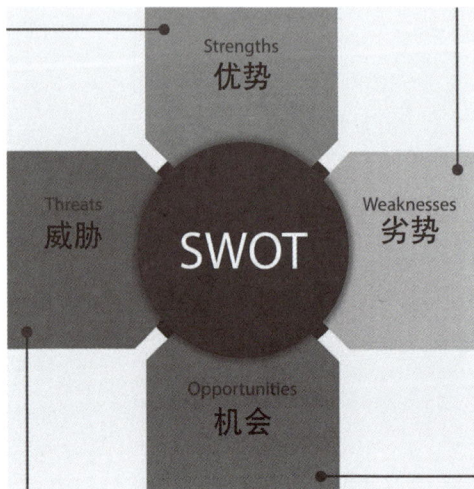

具体要考虑的要素包括：

◆ 潜在优势

  » 有利的战略

  » 有利的金融环境

  » 有利的品牌形象和美誉度

  » 被广泛认可的市场领导地位

  » 专利技术

  » 成本优势

  » 强势广告

  » 产品创新技能

  » 优质的客户服务

  » 优秀的产品质量

  » 战略联盟与并购

◆ 潜在劣势

  » 没有明确的战略导向

  » 陈旧的设备

  » 超额负债与恐怖的资产负债表

  » 超越竞争对手的高成本

  » 缺少关键技能

  » 利润的损失部分

  » 内在的运作困境

  » 落后的研发能力

  » 过分狭窄的产品组合

  » 市场规划能力的缺乏

◆ 潜在机会

  » 服务独特的客户群体

  » 新地理区域的扩张

  » 产品组合的扩张

  » 核心技能向产品组合的转化

- » 垂直整合的战略形式
- » 分享竞争对手的市场资源
- » 竞争对手的支持
- » 战略联盟与并购带来的覆盖
- » 新技术开发通路
- » 品牌形象拓展通路

◆ 外部潜在威胁

- » 强势竞争者的进入
- » 替代品引起销量下滑
- » 市场增长的减缓
- » 交换率和贸易政策的不利转换
- » 由新规则引起的成本增加
- » 商业周期的影响
- » 客户和供应商的杠杆作用的加强
- » 消费者购买需求的下降
- » 人口与环境的变化

8. 运营推广策略

对于用户来讲，一个产品真正能够被触达、被使用，是产品＋运营＋推广的作用，这才是一个服务于消费者的完整链路。所以，运营尤其是产品运营，现在在产品部门也已经是一个越来越完整的闭环环节，做竞品分析的时候，同样也需要对运营的一些基本策略有所了解，在这里说明其基本的概念和范围。

在运营上，包含内容运营、社群运营、活动运营、私域流量运营几个要素。

在推广策略上，包含品牌、市场、营销渠道、媒介。

9. 付诸行动

最终，所有的分析都绝不能纸上谈兵，更深度的分析为的是"谋定而后动"，而"动"才是"谋"的目的。根据丰富、翔实、多角度的信息，完整周密的思考，制定出精准的行动方案，再配合高执行力才是产品最终走向不断进步的根本。

4.6 格物致知（上）

　　格物致知是中国儒家的重要理念，最早出现在《礼记·大学》中，"格物、致知、诚意、正心、修身、齐家、治国、平天下"，含义是通过对于事物的研究获得知识与智慧。这个理念，对于产品经理而言也非常适用。因为所谓的产品，就是在市场流通的、被人们使用和消费的、满足某种需求的任何东西，包括有形的物品，无形的服务、组织、观念和组合。也就是说，我们的生活中充斥着各式各样的产品。作为产品经理，如果希望更快地成长，就不要把视角只局限于互联网产品上，因为产品的本质在于对用户需求的满足，而互联网、人工智能、区块链只是随着技术的进步，而发展出来的满足某种需求的方法。对产品的"格"越多，越是能够形成自己分析产品的下意识习惯，越能够通过这样的刻意练习快速进步，提高自己对产品思维的能力。

　　例如水，可能看上去是一种最简单的产品，无色无味，是每个人的生活必需品。但越是简单的产品，越能看到更多对于用户需求匹配所做的设计与心思。以农夫山泉为例，几个不同系列的产品线，满足了一瓶无色无味液体对于不同用户、不同场景的细分市场。大桶装农夫山泉的圆角矩形包装和常规的圆柱式设计是最大的差别，其最大的销售渠道是大型超市，圆角矩形的设计提高了品牌呈现的能力。

　　首先，在货架上摆放时，如果是圆柱桶装，往往会随机摆放角度，显得比较杂乱，但圆角矩形的设计，只有 4 个面，在很多时候，人们对于整齐的强迫症会极大提高把有品牌的一面整齐码放在朝向外侧的可能性，所以在超市看到的农夫山泉的大桶水，往往会被码放得整整齐齐。此外，如果是圆柱体的，在搬运的过程中，难免会被人为了方便滚动搬运，而滚动之后，难免造成对外包装和品牌的污损、划伤，但圆角矩形的包装，完全不具备滚动搬运的条件，也从设计上减少了暴力运输造成的品牌形象损失。

农夫山泉的"春夏秋冬"系列，看起来只是包装上的差异，但是真正的设计细节在于水嘴，这个水嘴是获得专利的，专门针对运动场景。主打的消费者是健身人群，他们对于自身健康有着更高的要求，而"我们不生产水，我们只是大自然的搬运工"的品牌理念与"长白山的春夏秋冬"的瓶身包装相得益彰，给予这部分消费者基于"原生""健康"的品牌印象。

婴儿水，除了对于水本身成分的严格控制，也在包装上做了高识别度的设计，瓶身的非对称设计，用瓶身作为把手，推出"妈妈手小拿正面，爸爸手大拿背面"的设计理念，通过调动初为人父、人母的用户对孩子呵护的参与感，引发品牌记忆。很多时候，究竟水体有什么样的成分、什么样的功效，对于用户来讲都只是"传递信任"的理由，但在货架上第一眼看到是否能引发品牌记忆和联想才是引发购买决策的关键。

这些设计和心思，初看起来更像是包装设计和市场营销的体系。但还是要思考大产品与小产品的理念差异，小产品考虑的只是狭义产品的具体功能，而大产品要考虑的包括消费者心理、是否能引领潮流、价格体系、渠道分润模式等诸多范畴。更直接一点的说法就是，小产品关注把产品做出来，而大产品强调如何把产品做成功。所以，产品经理的认知和格局层次的跃迁，就在于把自己的心智调整到什么样的高度。

分析了农夫山泉的包装设计之后，还可以举一反三，思考其他品牌矿泉水的设计亮点。例如依云主打阿尔卑斯雪融水，就在包装瓶体上留下了雪山的形象设计，同样的设计在恒大冰泉的底部也可以看到。而屈臣氏通过一个"帽子"的设计，在货架上能够形成一个明显的视觉差异点。需要注意的是，饮用水传统的销售主要战场是线下超市，所以看到货架的瞬间，是否能够在同等条件下引起消费者更多的兴趣，是否能有机会让用户把产品"拿起来"都是决定产品销售最终结果的关键要素。而类似的"帽子"设计，能在很多以线下超市为主要渠道的饮料上看到这样的设计方式。例如"小茗人"的超大瓶盖和全身的高饱和颜色、Voss 的瓶盖瓶身等宽设计（CK 前设计总监的手笔），都是使用这个思路的经典案例。

这些认知对于产品设计有什么样的启发呢？我们可以通过这些信息，启发对用户需求的认知。首先，通过水可以有不同的产品序列，用于满足不同的场景和消费者。我们可以得到这样的启发：在常规产品（常规矿泉水）的用户需求已经得到相对充分的满足后，用户的消费升级需求绝对不是单一的"买更贵的产品"，这也是为什么农夫山泉推出了玻璃瓶包装的高端饮用水，但销售量并不大的原因，而是"在更加垂直细分的场景下，获得更精准、更高质量的服务"，这与互联网产品目前的状态如出一辙，互联网产品也进入了下半场，常规需求也是得到了相对充分的满足，但并不代表没有新的机会，新的机会将出现在更加垂直的场景中，如果可以洞察某些人群没有被充分满足的需求，就会找到新的机会和可能性。例如，电商市场本身的饱和度已经很高了，淘宝和京东已经占据了绝大部分江山，但是，在常态需求已经被充分满足的同时，尽管没有新的大平台的生存空间，但也让这个行业的基础设施（支付、物流）和用户习惯的养成达到了一个非常高的水平。而新的细分市场随着用户对新潮流的跟进不断诞生，包括以美妆时尚为主的"小红书"、以球鞋潮品为主的"得物"、奢侈品电商"寺库"、名表电商"万表网"、酒类电商"酒仙网"、二手图书 C to B to C 模式的"多抓鱼"、母婴电商"贝芽宝贝"，这些都是这个市场上的"婴儿水"和"春夏秋冬"。

其次在包装上，各家对于"吸引眼球"的设计十分用心，一方面体现了在产品高度重叠之后，如何能在货架上让用户"一目了然"地看到并形成购买决策，成为很重要的获客方式；另一方面，也能看到，消费者的"颜值消费"是在多方面的，哪怕是无色无味的水，也要通过包装进行购买决策判断。其实，水和 App 很像，都是消费/下载之后，才能进行实际体验，而货架和各种应用市场异曲同工，排除应用市场的付费排名因素，同样的展示量，是否可以通过 Logo、标题，更好地引发用户的兴趣，并最终形成更好的下载转化，就是一个更加实际的思考和启发。一个产品的 Logo，也要用产品思维进行思考，除了对品牌理念的诠释和美化，也要从用户的角度进行思考，例如对于这个品类，用户的心智认知"应该"是什么颜色，什么形状，在上面应该有什么样的文案进行突出，对于不同的节日与热点，是否可以有不同的营销词在 Logo 上进行展现，这些都是我们从一瓶水上可以得到的启发。

所以，产品的形态可以是千差万别的，但产品内部的、符合用户心理的底层逻辑却是相同的。作为产品经理，如果能够习惯性地思考和分析周遭的所有产品，就能以百倍速度自我成长，这是一条提高自身产品认知的超快速通道。

4.7 格物致知（下）

在包装设计的意义之外，我们可以从"格物致知"中学到更多的东西。

产品经理的质变，在于不再依靠自己的感觉、灵感、经验，而是依靠模型、方法论来做事情。在本书中，我们谈了很多模型，从 KANO、HWM 到 SWOT、ICE 等。模型的学习是一个长期的过程，因为模型往往和我们的习惯并不完全相符，初期使用模型做事情，是要经历一个"把自己以前学过的方式先忘掉"的过程，在这个过程中，做东西的速度不升反降，这样的学习曲线实际上是反人性的。那我们如何才能让这个学习曲线尽可能平缓，快速达成思想跃迁的效果呢？

第一，在思想上保持空杯心态。乔布斯的名言"Stay hungry,stay foolish"（保持饥饿，保持愚蠢），说的就是我们需要一种时刻能把自己放空，用最开放的态度去迎接新体系。这是一个艰难的过程，因为重新放空，就意味着要抛弃一部分旧有经验，而那部分也是我们经验的累积，并且已经成为一部分确定性的高效率工作方式。放下已有的经验，重新选择未知的路径，再次进入非舒适区域，必然不会是让人放松的体验，但这也是我们认知迭代升级的唯一路径。

第二，在方法上，越快速地刻意练习，越容易让我们度过这个不舒适的阶段。我曾经因打球打断了左手中指的肌腱，不得已做了手术，术后的两个月，为了肌腱的重新生长，中指被固定住了，这个过程不算很愉快，但很快我就掌握了用左手食指 + 无名指代替中指进行计算机打字的"九指神功"指法。两个月后，肌腱生长良好，固定物撤掉之后，面临的是一个新的更大的挑战，手指肌肉萎缩 + 韧带粘连，直观来讲，就是手指已经不能正常活动了。医生的建议是，一定要多运动，而且要尽可能扩大运动范围，唯有这样才能让手指的功能得到最大限度的恢复。这是一个比前一阶段更辛苦，甚至是痛苦的过程，也让我体会到了有的时候失去一个工具的适应速度远远快于重新学习一个新工具的适应速度。但我还是坚持了下来，每天用冷热水交替刺激之后，强制拉伸，并且强制自己放弃"九指神功"键位，甚至更大量地打字，玩必须用左手进行大量操作的游戏，甚至弹吉他。尽管当时我疼得不堪回首，但换来的是除了一道不容易看到的疤痕，功能已经和正常手指别无二致。所以，我们学习一个新的框架、模型、方法论，和我们锻炼自己的大脑认知、锻炼肌肉很类似，也要经历这样的过程，但越是在更多的场景下更高频次地使用，越容易快速掌握。

例如 KANO 模型，用户对于功能的需求分为必要、期望、无差异、反向、魅力 5 种属性。了解之后，如果可以养成"套用到身边的东西上试一试"的习惯，掌握起来就会快很多。还是以矿泉水为例，作为饮用水，首先要思考我们对它的核心需求是什么。以我个人来说，水的解渴和安全是必要属性，因为提供了必要属性不会提高用户体验，而如果不提供，用户体验就会大幅下降。对于矿泉水，喝了之后，很难让我惊讶道："啊！这个好解渴啊，真不愧是矿泉水啊！""啊，我喝了之后居然没有中毒，不愧是大品牌出品的！"那么，我对于矿泉水的期望属性是什么呢？对我来讲，可以方便地喝到、价格便宜、瓶子拿着比较方便、瓶子比较有质感是对我的体验提高比较明显的。这里又要提到一个经典框架——4P 理论，也就是一个产品营销的 4 个核心要素：产品（Product）、价格（Price）、渠道（Place）、促销（Promotion），这也体现了大、小产品的差异，小产品关心狭义的产品本身，而大产品关心在用户眼中的产品全貌，不只是瓶中的水，也不只是包装，什么时间、什么价格、在哪里可以获得产品，都是用户对产品综合体验的有机组成部分。把这些元素都考虑进去，才能给用户最完整的优质体验。在这瓶水中就可以看到，产品是基本属性，而价格、渠道、促销都属于期望属性的范畴。继续思考，什么可能是魅力属性，用户想不到但如果包含就会引发很大的体验提升，甚至是自主传播。从另一款饮品中，我找到了这样的设计。这是可口可乐的一个限时活动，在 1.5L 装可口可乐包装中有一个这样的图样——"你算老几"。我们思考一下，1.5L 的大桶装有什么样的使用场景，比起易拉罐和 750ml 装，大桶装更多的使用场景是和朋友分享。在这个"你算老几"的背后，可口可乐遮住的究竟是什么，就很容易引发人们的好奇心。当喝掉饮料，"水落石出"之后，可以看到，出现的文字是"真的知己"，这就构成了一个"超越想象"的魅力属性状态。同样，在听装的可口可乐中很多的个性文案设计也都是遵循了"魅力属性"的设计原则，引发了很多的传播和讨论。在饮用水中，我们看到这样的设计是上一节中提到的农夫山泉的婴儿水把手的设计，这个很低成本的情感化设计，也是一个"想象之外，给人心动"的创意。什么对我而言是无差异属性呢？某某冰泉瓶底的山脉、各种瓶体上欢迎关注的二维码恐怕都是对我的选择毫无影响，有与没有其实都一样的状态。那么，什么是反向属性呢？其实对于矿泉水这样的成熟产品，反向属性已经很少了，但还是会出现一些，例如某些不喜欢的代言人、一些明显拙劣的包装，都会形成对我的反向属性。我也确实有一款茶饮品是撤掉代言之后才尝试，发现"真香"的。当然，这几个属性的差异，是因人而异的，这都是我的感受。不同的人群、不同的场景，会有明确的差别，而经过这样的思考和调研，也许就能找到新产品的机会，或者对原有产品的改进思路。例如，对于力气比较小的女生，会不会做一个比较容易打开的瓶盖设计会提高她们的体验，事实上并不会，女生并不是真的打不开瓶盖，只是借开瓶盖给男生机会，所以把这个想象成期望属性是一厢情愿的，反而可能成为反向属性；又如，对于老年人，针对现在老龄化社会的不断发展，是否可以推出一款保健效果更好的矿泉水，就像针对婴儿的水一样，让老年人拥有更好的健康呢？

如果我们可以将这样的思考养成一种习惯，每当学习一种框架后，就用自己生活周遭的产品做一次分析，我们的进步速度会非常快，当这个框架变得信手拈来，在工作中自然达到可以事半功倍的效果。

4.8 从底层思考交互设计

优术中，其实也有道的层面，所以知其然还要知其所以然。

做一个设计，如果思路只是停留在"别人这样做了""以前这么做过""我感觉应该这样做"上，也就只能让自己停留在所谓"野路子产品经理"的水平上。一个人的职业能力跃迁的基础，就在于思维方式是否是基于方法论的，因为模型、框架、方法论背后是经过了时间考验形成的高确定性范式。在工作中应该有意识地提高自己在这个体系上的积累，产品设计并不是一个依赖于所谓"网感"的灵感创意性工作。随着互联网行业进入下半场，这个工作也从"写意"过渡到了需要通过"科学"的方式进行设计谋划，越来越需要通过心理学、社会学、经济学的体系配合数据分析的方法，步步为营地进行打造和优化。

就连感觉上最偏向"视觉系"的交互设计背后，也有着科学的方法论。

例如，抖音这个经典的界面，如果你做了这样的设计，在需求评审的时候，如果有人Diss（不尊重、轻视）你：为什么要把与互动相关的几个按钮竖向排布？也许你会说："因为下面基本是放主导航的，不是放功能按钮的""用户习惯这样的操作"，这些似乎都没错，但你似乎又没有说出这样做的原理。

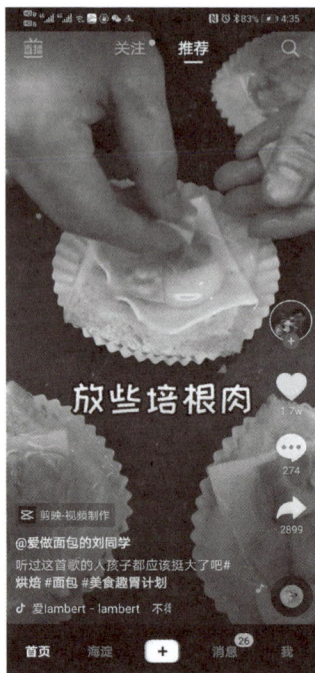

在用户的交互设计中，有一个公式为"费茨定律"，说的是光标到达一个目标的时间，与当前光标所在的位置和目标位置的距离（D）及目标大小（S）有关。它的数学公式是：

$$t = a + b \log 2(D/S+1)。$$

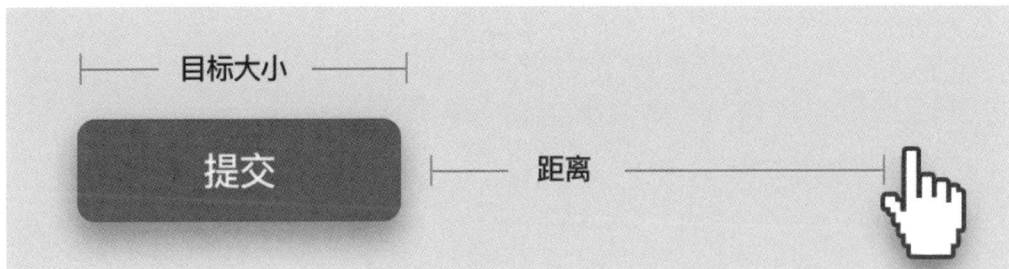

$$t = a + b \log 2(D/S+1)$$

$D=$ 目标距离；$S=$ 目标的大小；

a 和 b 为经验参数

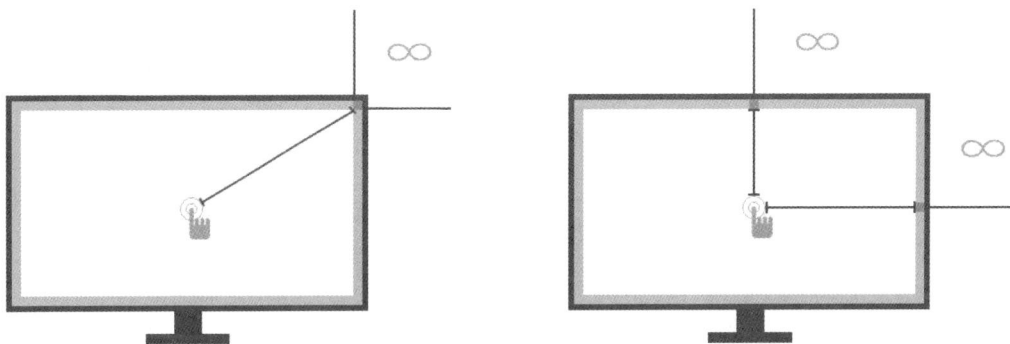

　　我们利用费茨定律估算用户移动光标到链接或者按钮所需的时间，时间越短越高效。例如一个按钮在左下角，我们的操作可以细分为两个阶段：第一个阶段大范围移动到左下方，然后再做微调到达这个按钮之上。所以这个时间受按钮和链接所在位置与按钮和链接大小的影响，也就是说，我们在做设计时要考虑光标默认会放在哪里、我们的链接或按钮是不是太小了。简单来讲，我们可以利用费茨定律估算用户移动光标到链接或者按钮所需的时间，时间越短越高效。基于这样的定律，我们就可以解释抖音的交互按钮放在右侧的科学依据：90% 的用户是右利手（右撇子），所以作为高频使用的交互按钮放在右侧，用户点击所需的成本最低。而关注、转、评、赞这组交互按钮本身对于产品和用户建立深度连接有着很大意义，参考极大提高了 Facebook 用户留存率的 "Aha moment（顿悟时刻）" 为 "一个用户加了 6 个好友"，在产品设计中提高用户和内容之间的关联是产品应该更多引导的操作。在这 4 个操作中，尽管加关注的意义最大，但由于成为好友之后，重复操作的意义不大，所以，放在相对操作距离最远的位置。后续这个按钮还可以增加功能，成为直播的导流入口。而转、评、赞这 3 个按钮，相对来讲，"赞" 对用户的成本最低，而对产品的相对价值也最低；"评" 由于可以产生内容成品，价值比 "赞" 更高；而 "转" 由于可以带来用户的自传播和自增长，对产品本身的价值最高，相对的用户成本也最高，因此就要把价值高、成本高的"转"放在用户交互成本最低的最下侧，而上面依次是"评"和"赞"的按钮。

交互设计还有很多类似的模型，这里也介绍一些常用的框架。

1. 希克定律，是指一个人面临的选择（n）越多，所需要做出决定的反应时间（T）就越长。数学公式为 $T=a+b\log2（n）$。人们确实有选择困难症，可选择的选项越多，用于选择的时间越长，所以让用户在每次选择中减少选项是有实际意义的。那么，我们就要在设计中减少一次选择中的选项数量，可以通过选择的层次深度和多次交互的方式来减少综合选择成本。

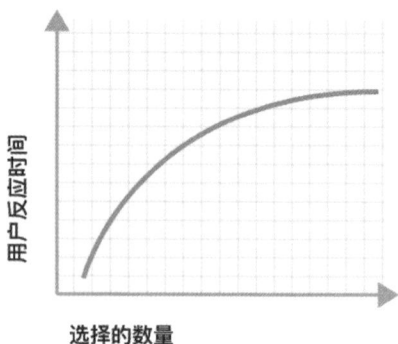

2. 7±2 法则，年轻人的记忆广度大约为 5~9 个单位，太多的内容会让人出现认知超载，成为一种记忆负担。所以，很多经典产品的主导航都把选项的数量严格控制在这个范围之内。

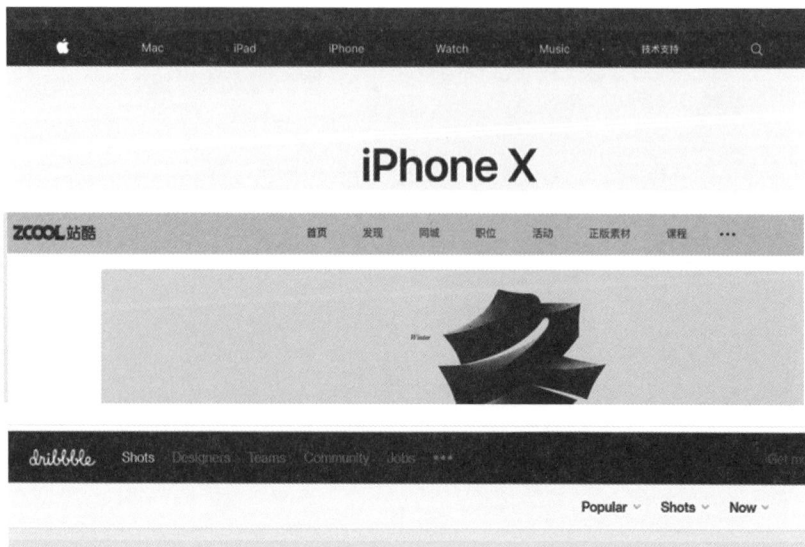

3. 古腾堡法则，由 Edmund C. Arnold 提出，他是一名报纸设计师，被公认为现代报纸设计之父。他设计了超过 1000 种报纸，包括《波士顿环球报》《国家观察报》《今日报》《多伦多星报》《堪萨斯城之星报》等。20 世纪 50 年代，他在设计报纸的过程中提出了一项原则，认为人的阅读方式应该是遵循某种习惯进行的，好像读书一样，除了从左到右，还有从上到下的方式。但其中蕴含着什么信息呢？经过多方研究，他最终得出了被后人熟知的"古腾堡原则"，并附上了一张图，名为"古腾堡图表"。整个阅读方式由左向右方向进行，读者倾向于关注整个页面的开始与结束的区域，至于段落的起始与结尾则较少被关注到，也就是闲置区。这个原则的支撑点为"阅读重心"，由人们一直以来的阅读习惯形成。将图表的设计与阅读的重心相协调，能够帮助读者梳理阅读的逻辑。据研究发现，这么做能提高读者阅读的节奏和理解能力。

基于这样的视觉动线逻辑，衍生出 3 种导航设计方法。

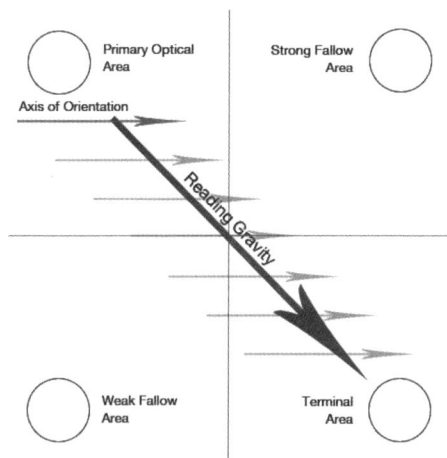

Z 字形动线，针对平行的导航体系，进行同级别的列表。

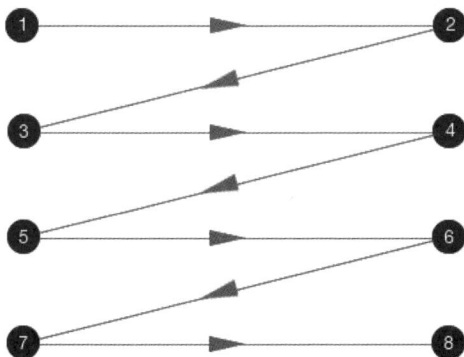

Zig-Zag 型动线，眼动按照 1 → 2 → 3 → 1 的逻辑，针对二级导航体系，可以有更清晰的层次结构。

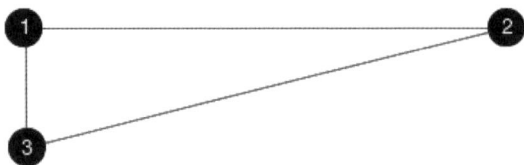

F 字形动线，针对内容更丰富、更复杂的二级，甚至三级导航体系，有更好的内容容纳能力。

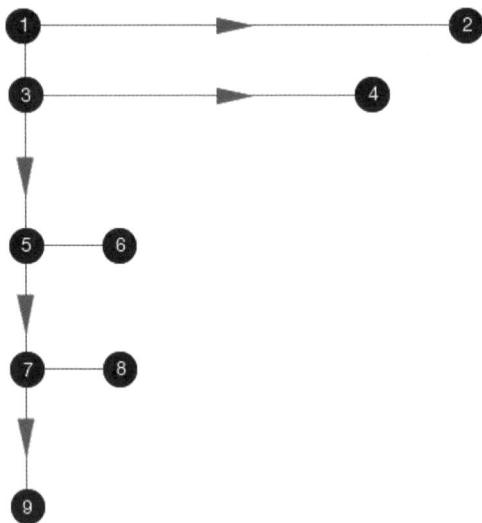

4. 格式塔定理，"格式塔"源自德语 Gestalt，意为整体、完形。格式塔心理学认为，我们在观察事物的时候会自动脑补出一些逻辑和含义，会让观察对象变成一个完整的、整体的、常见的形状。人们认知事物的时候，会依靠它们的距离来判断它们之间的关系。两个元素越近就说明它们之间的关系更紧密。但是接近也是有比较的，在复杂的设计中，我们要一边考虑它们之间的内部逻辑关系一边排版。

格式塔定理中，主要包含 5 种关系。

（1）接近律，元素越接近说明关系越紧密，UE 设计主要有两个要点，交互逻辑和信息架构。而在信息架构中，就要考虑信息板块之间的关系，根据接近率把相关性高的信息板块尽量靠近，甚至在整体的信息中，有起承转合的逻辑结构。

例如淘宝的首屏设计就分为了 5 个板块，并且秉承着信息获取的逻辑进行组成。如果有明确的目标，用顶部的搜索直达；焦点图是主要引导用户进行内容推荐的部分，放在视线最集中的位置；再向下依然是用户比较有明确需求的部分，通过不同的导航让用户进入自己需求的部分；然后是用户已经没有明确的需求的部分，所以通过推荐系统"千人千面"激发用户需求；底部是符合用户习惯的主导航系统。

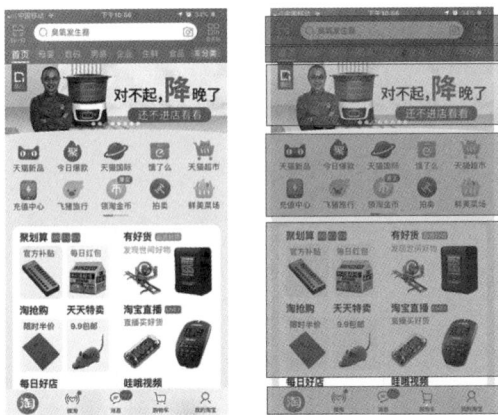

（2）相似律，类似的功能和交互应该用相似的交互方式。

在交互逻辑中，应该尽量符合用户习惯和用户预期，不要给用户"惊吓"以提高学习和使用成本。人们在认知事物时，遇到如大小、色彩、形状等相似的元素，我们倾向于把它们联合在一起或者认为它们是同一种类。还是以淘宝的首屏设计为例，我们会认为在每个相似板块中点击，应该有类似的反馈结果（页面切换、弹出层等），而如果一个板块中有多种不同的交互反馈，会给用户很强的"踩雷"感，增加体验负荷。

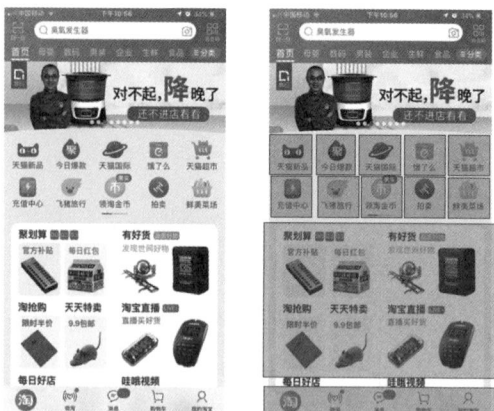

（3）闭合律，指我们会自己脑补出一个完整的图形，例如下图中的两个"残缺"的圆，我们会理所当然地脑补出这是圆形。

这个特质的经典应用是 App 设计中的"半页"设计，页面隐喻地告诉用户，这后面还有东西，可以通过滑动的方式看到更多的内容。

（4）连续律，在知觉过程中人们往往倾向于使知觉对象的直线继续成为直线，使曲线继续成为曲线，会出现短暂的认知和动作惯性。例如，一组连续提示框的操作，如果前几个都是有利于用户的选项，用户点击确认之后，出现一个有损于用户利益的内容，由于连续律的作用，用户还是会点击"确定"按钮的。

（5）成员特性律，如果我们有很多同样的按钮，如何让某个更重要的按钮突出，并让用户感知这还是按钮呢？那就要用到成员特性律了。成员特性律赋予了集体中某一个元素特殊的刺激属性，从而突出它。

例如拨号键盘，拨出键和数字键的功能有明显区别，这就需要用一个不同的颜色使之脱离成员特性。很多 UGC 类产品也是通过这样的方式，将对产品有高价值的创建内容的按钮突出显示。

所以，从这些定律就可以看出，在每件事情的背后，藏着的都是用户深层的需求，只有洞察这些需求本源，基于底层进行理解和设计，才能创作出有"道"的产品，这是优术的高级方式。

4.9 从后视镜到水晶球

在现在这个时代，如果一个产品经理不看数据，我只能深表敬意，致敬他的"身残志坚"——眼睛都看不见了，还坚持在产品的第一线。

当今数据分析对于产品经理的作用，正在变得比任何一个时代都更重要，而这个"术"也正在成为产品经理最为重要的武器。因为我们身处的大数据时代，正在从根本上改变我们对世界的理解。曾经只能通过问卷调查，用抽样的方法尽可能保持在高置信区间。但现在，在摩尔定律的长期作用下，存储、算力已经趋于天文数字，一切动作都可以进行埋点、存储、分析，在这样的背景下，基于数据分析进行产品的设计和优化就成了产品经理的基本操作。

为什么数据分析如此重要，最根本的原因就在于大数据是全部用户真实行为的反馈，这就最大限度地避免了"闭门造车"的出现，因为产品一定是做给用户使用的，用户的反馈才是产品优化最重要的风向标。在这一点上，数据分析甚至有"活死人，肉白骨"的功效，曾经有一款产品，做的是社交功能，用户可以在 App 上发布文字、图片，还有比较复杂的社交功能，有点像低配版本的 Facebook。但推向市场之后反响并不好，在产品行将就木之际，其创始人从数据中发现了一个线索，使用图片发布功能的用户黏性和活跃度远远超过其他用户。于是他们做了一个大胆的决定，并不是加强了图片发布的功能，而是破釜沉舟，用最后的资源做了一款只有图片发布功能的产品，并只保留了最简单的关注功能。结果出乎意料，这款产品成了爆款。后来的故事大家都知道了，这款产品就是后来鼎鼎大名的 Instagram。

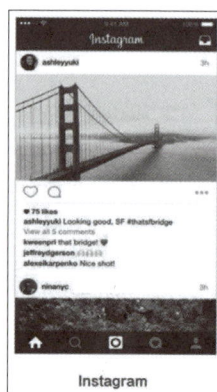

Burbn   Instagram

利用数据，产品经理可以拥有巨大的力量。在长视频产品中，决定用户去留的一大核心要素就在于内容资源，一部大热剧直接可以带来 1~3 个月的流量峰值。内容选择、内容采购与投资，从传统来讲一直是视频内容团队的自留地。但通过大数据的力量，这个似乎依赖着艺术鉴赏力的非标准信息，也可以进行准确评估和预测。基于原始 IP——网络文学原著的热度、订阅人数，配合连载期间百度、微博等平台的热度趋势，可以对此内容的用户量有初步的评估，再通过用户画像，对改编剧本方向、选择导演、选择演员进行二次加强，可以对一部剧的结果有 70% 以上的准确评估。这样的系统无疑极大地为产品提高了综合竞争力。

那么，数据分析应该按照什么样的思路进行展开呢？

曾经，有人对数据分析有一个略带鄙夷的说法——看着后视镜开车。在当时的情况下，也算是很贴切的评价，数据分析本身不能提示未来应该做什么，更多的是对已经发生的事情的回顾和分析。但现在的数据分析的理念已经经过不断进化，从分析既往的"后视镜"进化成了预测未来的"水晶球"。

最初的数据分析理念在于分析数据发生了什么，在这个阶段，更多关注的是对既往数据的解读。例如，公司上周投放了新的渠道 A 的广告，想要比对一周后新渠道 A 比现有渠道 B 的情况，渠道 A、B 各自带来了多少流量，转化效果如何？ 又如，新上线的产品有多少用户喜欢，新用户中完成注册的人数有多少？

第二步，数据分析开始从"其然"进化到"所以然"，开始思考这样的数据为什么会发生。在上面的例子中，如果看到了渠道 A 为什么比渠道 B 带来更多的流量，此时我们就要结合商业来进一步判断这种现象的原因。例如，渠道 A 的质量更好，还是投放的物料更好。如果新上线的产品中用户喜欢的量很大，就要拆解新产品中哪些关键要素是用户喜欢的点，想办法做复制。

第三步，数据分析开始预测未来，关注未来可能会大概率发生的事情。继续上面的例子，当我们理解了渠道 A、B 带来流量差异的原因，就根据以往的知识预测未来会发生什么。在投放渠道 C、D 的时候，猜测渠道 C 比渠道 D 好。当上线新的注册流程时，可以知道哪个节点比较容易出问题，也知道用户喜欢什么。这就是数据分析的第 3 个进阶，预测未来会出现的结果。试错，不是为了一直试下去，是要找到确定的方法。

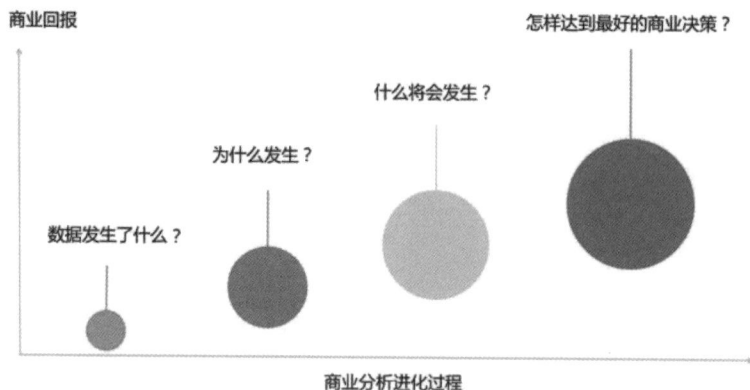

到了第四步，就是在预测的基础上制定行动方案，驱动产品进化。通过数据分析带来的确定性筹码，指导后续应该做什么样的判断。在产品设计中，提炼新的需求观点。

具备解读数据的能力，有预测未来的意识，通过数据驱动产品不断优化提升，这就是在新时代产品经理要对自己意识进行的必要跃迁。

4.10 不同阶段数据分析关注的要点

数据分析在当前产品工作中的作用十分重要，数据有很多，在适合的产品阶段关注不同的指标，会让我们的工作事半功倍。

一个产品从 0 到 1 再到鼎盛最后走向衰退，一般会经历 4 个阶段、7 个步骤，从无到有、到 MVP 验证完成的初创期，再到跑马圈地、大幅扩展的成长期，接下来是高度竞争、扩大收入的成熟期，最后走向日渐迟暮的衰退期。每个阶段的产品，核心工作和聚焦点不同，这就使我们也应该根据产品的阶段，调整对产品数据的关注点。

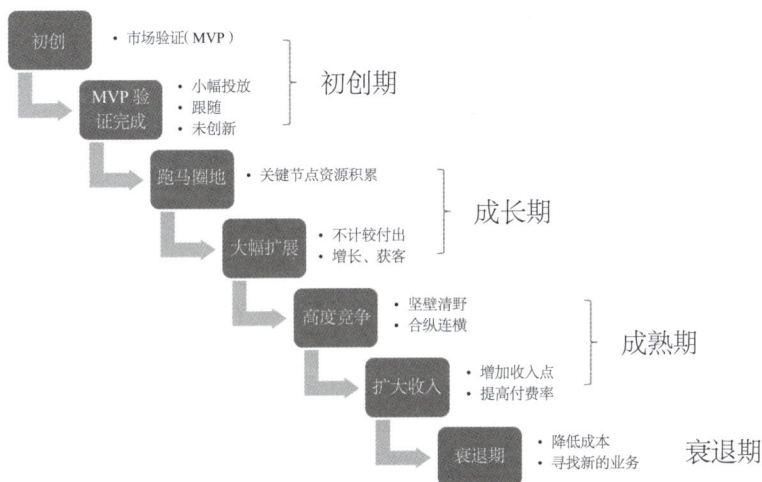

初创期，在这个阶段产品还处于"毛坯"状态，最重要的事情就是通过 MVP 模型，找到和用户需求匹配的逻辑。而此刻的关注重点，应该放在目标用户画像和其留存率上。在用户画像上，因为这个阶段产品刚刚启动，我们可以更多地借助第三方 SDK 完成埋点分析。完成包括对用户设备型号、地理位置、常用网络状态、基本属性（包括性别、年龄、健康程度、婚否、是否有子女、职业、学历、收入），以及商业兴趣（如生活家居、健康医疗、运动美容、餐饮娱乐、旅游、汽车）等大板块的画像洞察，继而配合以留存率为核心的数据分析，综合判断产品是否能满足预期画像的用户群的使用需求。

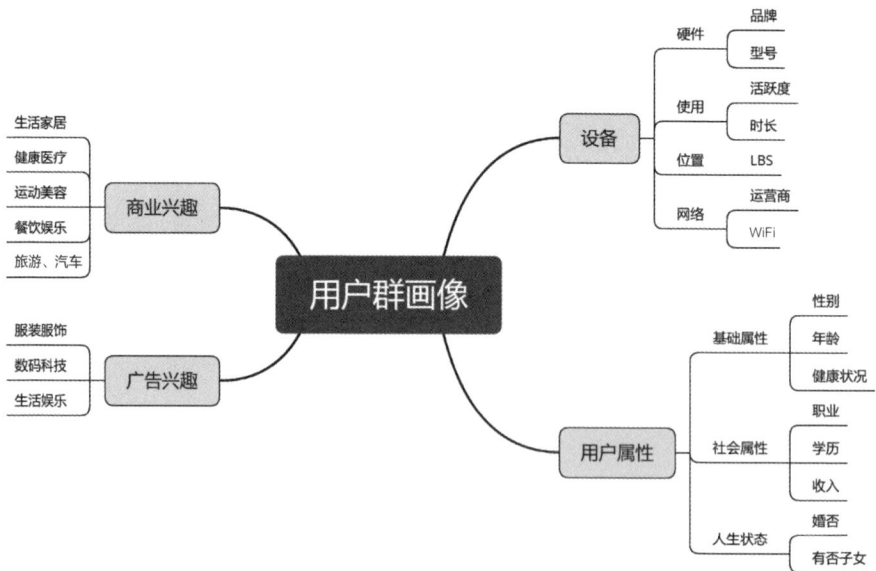

下面讲一个真实的案例，某个健身 App 在推出伊始，新用户的次日留存率处于业界平均水平，但也难有更大的提高。经过对用户画像和留存率关系的数据分析，发现这个产品中女性用户占比明显高于男性，并且女性用户无论是留存率还是活跃度都有明显优势。此时，产品经理就有两种路径可以选择，一是加强男性产品功能，以期提高男性占比和活跃度，拉高整体效果；二是继续向女性产品倾斜，主攻女性健身，如瑜伽、普拉提等，甚至在这个基础上，增加美容、瘦身、医美等板块。

这个产品的产品经理果断选择了第二条路，原因很简单，次日留存处于业界平均，女性用户数据优势明显，说明对于女性而言，这款产品的体验度高于业界均值。这意味着这部分的体验已经被市场所接受，并且有一定领先性，满足所有人不如让一部分人喜爱。所以，在这个逻辑下，加强女性部分的体验，甚至"牺牲"一部分男性用户的体验都是值得的。"小红书"的发展初期也做过类似的事情，在早期注册"小红书"会员的时候，如果是男性则会被拒绝注册，这样的操作无疑对一个女性社区初期的调性有着明确的定位作用。

留存率在这个阶段尤为重要，因为一个产品只有用户不止"一见钟情"，而愿意"长相厮守"才说明被用户接纳和认可，才能提供持续价值。留存率有多重维度，常用的包括次日留存、周留存、双周留存和月留存，这需要根据产品的特征进行观测，如果是高频场景，如社交类、游戏类、内容类，则应该关注次日留存的状态，如果是低频需求，如机票、酒店预订可以按照实际情况关注双周甚至月留存的情况。

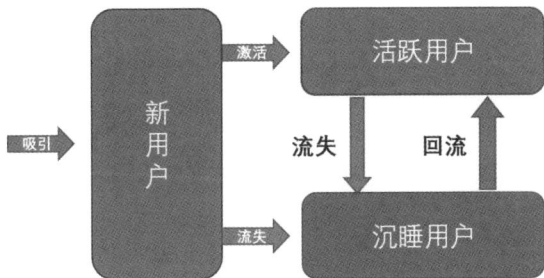

产品进入快速成长期，最核心的任务就是用户规模的扩张。所以，这个阶段重点要考虑的是用户新增、激活、病毒传播性、用户质量以及用户生命周期的管理。在这个互联网行业进入下半场的时代，用户新增早已不只是市场部的任务，产品可以通过增长策略进行大量获客，这也是产品病毒性所衡量的范畴。

病毒性分为 3 种类型，一是原生病毒性，即通过 App 本身的邀请好友功能，传播、吸引新用户，如 App 分享功能的点击率，转发之后的曝光量，Landing-page 的点击率、转化率，分享带来用户的质量及留存等；二是口碑病毒性，即通过口碑传播，用户主动通过搜索引擎下载并成为新用户，这个数据往往和产品所带来的品牌记忆相关。爱奇艺曾经做过一个很有趣的设计，因为在视频产品上，人们默认是接受有声音的，所以在视频播放完毕后，增加了一个"爱奇艺为您真心推荐"的声音，通过这样很短的音频，爱奇艺这个品牌每天增加了几千万次的曝光，而由于当用户的视觉信号日趋饱和之后，音频信道成了一个蓝海信道，传播效能明显优于 Logo 图片；三是人工病毒性，即通过人工干预，如通过有奖邀请等激励措施来鼓励用户的邀请行为。这是和产品运营最为相关的一套策略，而且和产品设计相结合之后会引发巨大的化学反应，拼多多的拼团模式就是原生病毒和人工病毒相结合的结果，通过裂变模式，在电商行业已经饱和的状态下，从淘宝、京东体系中杀出了一条血路。

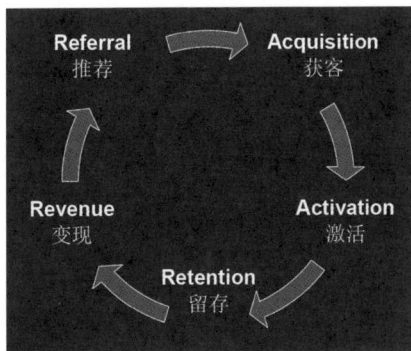

在这个阶段也要开始关注用户的生命周期管理，如果说，在产品初期，关注更多的在于留存这样的单一要素，在这个阶段就需要对产品使用过程中的更多细节进行分析。以一个短视频 UGC 类产品为例，用户的使用深度就可以分为新用户（初到，没有使用行为的用户）、旁观者（消费内容但不产生内容的用户）、生产者（生产内容的用户）这 3 层，在其中根据核心动作观测其各个关键环节的动作量和比例。

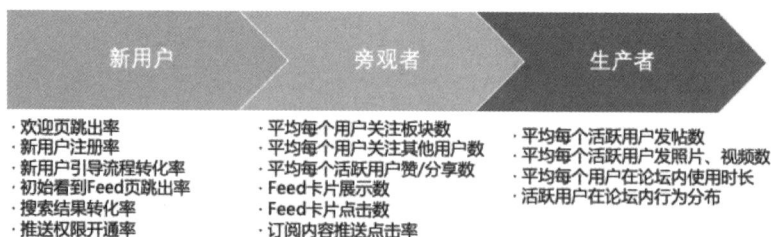

新用户	旁观者	生产者
·欢迎页跳出率 ·新用户注册率 ·新用户引导流程转化率 ·初始看到Feed页跳出率 ·搜索结果转化率 ·推送权限开通率	·平均每个用户关注板块数 ·平均每个用户关注其他用户数 ·平均每个活跃用户赞/分享数 ·Feed卡片展示数 ·Feed卡片点击数 ·订阅内容推送点击率	·平均每个活跃用户发帖数 ·平均每个活跃用户发照片、视频数 ·平均每个用户在论坛内使用时长 ·活跃用户在论坛内行为分布

例如，针对新用户需要关注如下内容。

◆ 欢迎页跳出率

◆ 新用户注册率

◆ 新用户引导流程转化率

◆ 初始看到 Feed 页跳出率

◆ 搜索结果转化率

◆ 推送权限开通率

针对旁观者需要关注如下内容。

◆ 平均每个用户关注板块数

◆ 平均每个用户关注其他用户数

◆ 平均每个活跃用户赞 / 分享数

◆ Feed 卡片展示数

◆ Feed 卡片点击数

◆ 订阅内容推送点击率

针对生产者需要关注如下内容。

◆ 平均每个活跃用户发帖数

◆ 平均每个活跃用户发照片、视频数

◆ 平均每个用户在论坛内使用时长

◆ 活跃用户在论坛内行为分布

经过了快速发展，产品开始进入成熟期。

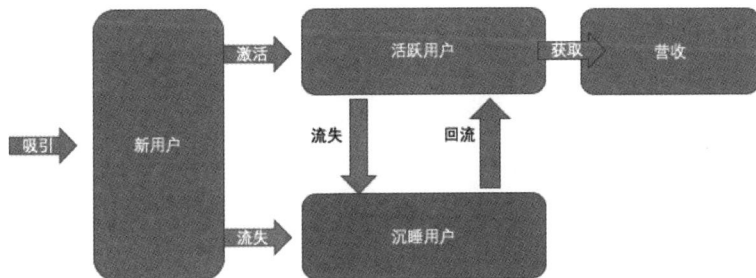

成熟期和发展期最大的差别在于，成熟期对营收的分析会更细致。一个产品最终一定是要为公司取得收入的，哪怕看到很多产品"烧钱推广"，其实为的是利用低门槛获客并激活用户。因为移动互联网长连接的特性，安装 App 之后，产品就拥有了和用户后续长期稳定沟通的能力，这样才能让前期的推广通过后续的持续运营获得更大收益。所以到了产品的成熟期，用户的增长已经趋于平缓，更多要考虑优化商业结果。因此，营收效果的分析包括广告转化率、会员转化率、购物车的加购率、付费转化、用户客单价、终生价值、投入产出比，这些都是重点要去思考的内容。往往在这个阶段，购物车中各种满赠、满减就会成为拉动用户客单价的有效手段，而各种活动促销、组合营销也会成为提高转化率的惯用手法。另外，在这个阶段因为在前期经营已经积累了海量的沉睡用户，这部分用户的激活唤醒，以期延长产品的生命周期，都是应该重点考虑的问题。

此外，这个阶段的用户状态需要引入一个新的数据指标——DNC（Daily Net Change），我们在前期可以更多地关注 DAU、DNU，但到了这个阶段，由于用户存量已经非常巨大，每天的用户新增和流失从 DAU 曲线中由于占比过低，已经很难有效、直观地反映产品状态，就需要更加敏感的参数帮助我们了解产品的健康程度，这个数据的来源是新增用户。

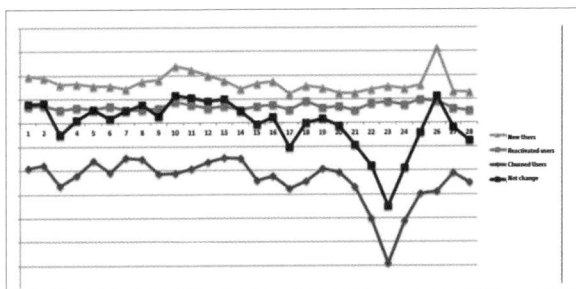

Net Change = 新增用户 + 回流用户 - 流失用户

◆ 新增用户：当天有多少新用户加入。

◆ 回流用户：多少老用户连续 28 天没有使用，今天又开始使用。

◆ 流失用户：有多少已有用户刚好最后一次使用是在 28 天前。

通过这个数据就可以看到每天的用户实际变化的状态，从而关注产品的健康状态。

最终，一个产品终有英雄迟暮的一天，进入不可避免的衰退期。

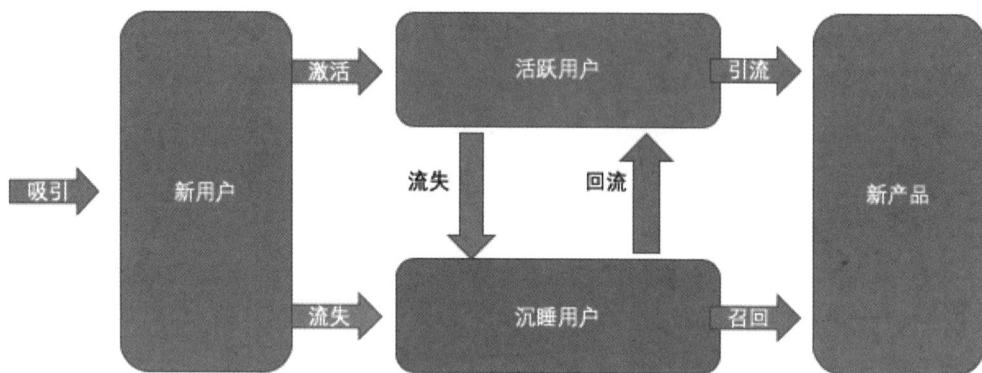

这个阶段产品核心要考虑的是如何在已有产品的基础上，利用之前积累的用户、品牌、数据等势能，重新孵化新的产品。例如微博进入这个阶段之后，就开始推出例如绿洲、视频号等产品，也是希望通过生态化的产品矩阵，延长整体的生命周期。在这个阶段，数据关注的核心就变成了活跃用户对新产品的引流，以及沉睡用户通过新产品营销形成的召回式激活。而对于新产品本身的数据又进入到一个产品从 0 到 1 的轮回中，开始考虑用户画像和留存率这些要素。

明确产品所处的阶段，根据阶段关注最需要关注的数据，在核心数据上进行持续优化，是产品精准经营的有效手段，也是优术的重要环节。

4.11 情感化设计

术的"优"也要符合时代背景，既符合用户需求，也要站在用户需求的时代潮流之上，不断迭代。

我们经常谈论到"消费升级"，但很少深入分析消费升级的需求改变要素是什么，是不是卖更贵的东西就是消费升级了？当然没有那么简单。我们目前经历的是成立中华人民共和国后的第3次消费升级，第1次消费升级发生在20世纪70年代末到80年代初，主要的表现是粮食消费比例降低，而轻工消费比例提高。在经历了自然灾害和各种风波之后，解决了温饱的中国人开始"温饱思美丽"，当时出现了一种爆品叫作"的确良"，其实就是一种化纤布料，现在看来从穿着的舒适性上讲是很差的，但在当年，由于其挺括的质感和耐磨性以及鲜艳的颜色，成为最靓丽的风景线。现在90、00后的女生讨论"杨树林""萝卜丁"（注：杨树林，著名口红品牌圣罗兰，因为英文缩写是YSL，被戏称为杨树林；萝卜丁，著名口红品牌Christian Louboutin克里斯提·鲁布托，由于谐音被戏称为萝卜丁）的色号时，殊不知我们的父母在他们年轻的时候，也身穿当年的"斩男色"成为整条街上最靓的仔 / 妹。

第2次消费升级发生在20世纪90年代，这次升级以家用电器为主体。冰箱、电视机、洗衣机成为家庭的"新三大件"，手电筒作为家用电器成了"春晚"上的著名段子。并且，在这次消费升级中，人们开始第一次意识到品牌，并开始追求。"Toshiba，Toshiba，新时代的东芝""日立彩色电视机""车到山前必有路，有路必有丰田车""燕舞，燕舞，一曲歌来一段情"这些魔音贯耳的广告歌成为属于那个时代特有的记忆。

我们正在经历的第3次消费升级是在2010年之后，这次升级的主要特点在于对于精神层面的追求更高，消费者不再单独追求"不要最好，但求最贵"的消费观，对奢侈品的消费开始趋于

平淡。而对于文化、创意、体验、个性类消费开始不断显现，小众内容因为可以给自己打上独特标签，变得比 LV 更有个性，反潮流变成了潮流。

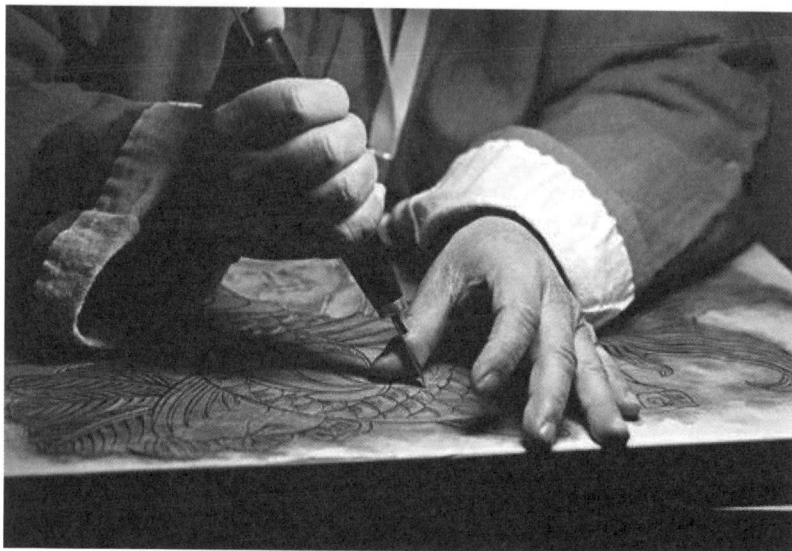

随着中华民族自信心的不断提升，国潮开始复兴，李宁的"国潮"系列、花笙记的新中式服装、故宫文创引领了一波新中式美学和流行风潮。同时，"匠人手制"成了大家追捧的目标，与

20 世纪 80 年代对工业图腾般的迷恋可谓是相映成趣。在那时，所有有工业生产痕迹的产品都会被人精心珍藏，如"火花"收藏的就是那个时候的火柴盒，用过之后，小心翼翼地展开、压平整，像集邮一样珍藏起来，甚至糖纸、烟标都有类似的收藏玩法，这些都是现在完全无法想象的事情。

而当工业化的大规模生产创造了我们现在丰富的物质生活后，我们的喜好开始发生变化，会厌倦批量生产的产品，怪它们"没有温度""缺乏情感"。所以，我们追求偏远乡村中老爷爷的

手工空心面的古早风味，因为它带着"小时候的味道"；我们会花更多的钱购置满是锤纹的雪平锅，因为每一下匠心的捶打都将心注入，这才能温暖我们在格子间中工作一天后满是疲惫的胃和心灵。

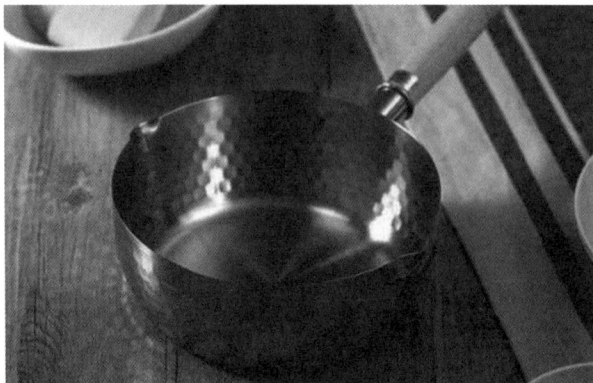

所以，在这样一个对于精神属性有更多追求的消费升级之下，我们也有必要将更多情感设计融入我们产品的设计之中。

情感化设计有 3 个层面——本能层、行为层和反思层。本能层偏于直觉型体验，如吸引力、潜意识、感觉；行为层体现着使用效率，关注可用性、产品功能、性能；反思层是更加深度的情绪和文化体验，包括产品意义、思想及文化价值。

本能层的设计围绕着人们的感官体验展开，相比逻辑，直接的惊喜和意外都可以更加快速地引发人们的情感冲突。B 站（www.bilibili.com）的登录界面就是一个经典设计，在输入用户名时，22、33 两个萌妹子（注：22、33 是 B 站两个虚拟吉祥物的名字）会"眼巴巴"地看着你，但是当输入密码的时候，她们会自觉地把眼睛蒙上。这个交互非常人性化，在有趣的底层满足了人们对"安全感"的要求。

Google 在《复仇者联盟 4》上映期间，搜索 Thanos（灭霸）会出现特殊搜索结果卡片和"无限手套"，如果点击"无限手套"，整个页面会逐渐消失。这是一个非常讨好粉丝的设计，搜索 Thanos 可以认为大概率是《复仇者联盟》的粉丝，也知道"无限手套"的意义，用这样的交互方式形成了一种"接头暗号"的彩蛋，让粉丝大呼过瘾的同时也形成了一波自传播。

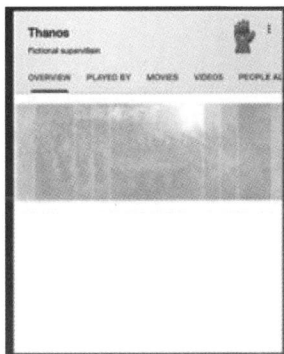

页面开始消失

如果说本能层可以更好地在情绪体验上给出一种直接、高效的共鸣，那么，行为层就更加关注用户当时所处的环境。基本的行为层设计比较在乎效率，如在交互设计中经典的"多一步操作，造成 50% 流失"的理论，以及"防呆设计"等处理方式。但高级的行为层设计会通过对场景的深度洞察，让用户觉得"懂我"。

例如，某个在线阅读的产品设计，可以一键切换为 Word 模式，让阅读小说的行为看似在处理文件。这样的设计"懂得都懂"，自然是上班族贪玩的首选。排除是否应该这样做的讨论，不得不佩服设计者深入场景的独具匠心。

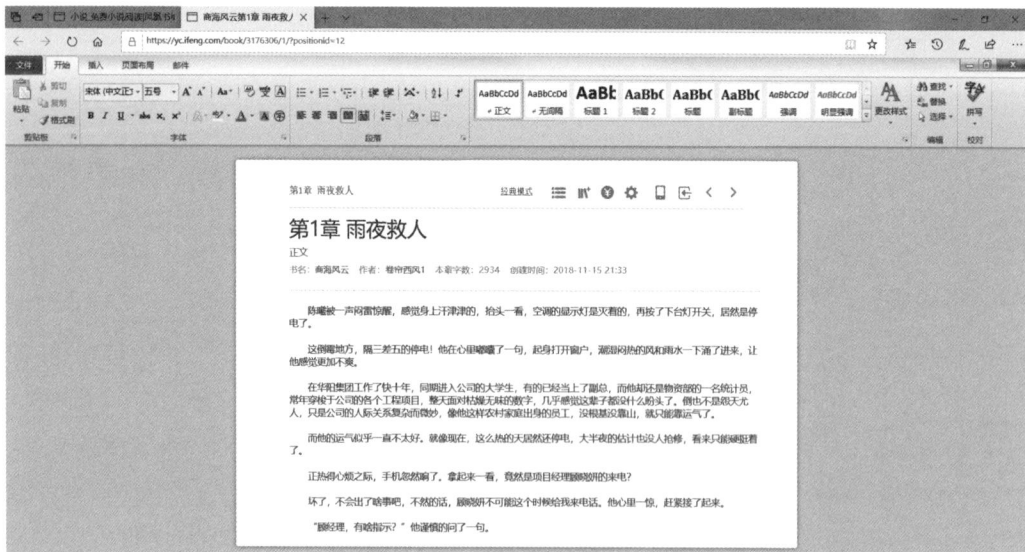

　　在午夜 12 点之后，腾讯视频的时间栏上仅出现寥寥 "夜深了" 3 个字，就让人感受到了一种温暖，不只是简单的时间展示，更让人感受到，在世界上似乎有人在关怀自己。也许这个功能的实现只需一行代码，但成本的高低和用户的体验从来就不是一个等式。

　　在付款过程中，用户内心深处最为在意的一定是安全性，所以一定要明确地告知所处步骤及每一步的状态，如果付款过程中出现 App 崩溃的交易回滚、用户订单找回，都是让用户对一个产品的品牌形成长期信赖的基础。

反思层是一个产品最高级的情感设计。在这个层面,产品完成了从功能到文化的进化与转变。其实一个产品和一个人一样,穷则独善其身,达则兼济天下,如果有了余力,就应该变成一个有价值观、有情怀的人。

张小龙无疑是一个极度浪漫的人,他的产品往往带有非常强烈的人文情怀,就以 QQmail 的首页来说,写着中国第一封电子邮件跨越时空的故事,当然,还有他最爱的歌——《蓝莲花》,为此,甚至特意购买了这首歌的版权。

我见过无数的 404 页面,搞笑的、卖萌的,不一而足,但我觉得最有情怀的应属这种——"您访问的页面找不回来了,但我们可以一起帮他们回家!"用一些流量做这样"不商业""有价值"的事情,是非常有魅力的。

作为一个产品经理，也许做一亿 DAU 的产品很成功，但如果自己的产品，能够救哪怕只有一个人的生命，我觉得，这比商业成功更加温暖和伟大，这就是人文关怀的力量。

第 5 章

确定性 ————————————————————

确定性是在产品设计过程中最有价值的部分，"如果我知道要去哪，全世界都会为我让路"，太多的问题并不是因为996的辛苦，而是非确定性。如果可以确定做一件事情会成功，即使过程中要付出比较大的辛苦，也是相对容易推动的。在知乎上有一个问题——"如果你可以穿越到红军长征时期，可以带过去1kg的物品，你会带什么？"很多高度理性的回答，提出带地图、历史书、抗生素，但有一个很感性的回答，给我留下了极深刻的印象，"带回去开国大典和现在幸福生活的照片"。长征是中国革命最难的一段历程，如果有"原来我们的革命最终胜利""未来是这样的美好"的确定性信念，我相信远超丰富的武器和粮草。产品也是一样的道理，如果一个产品设计确定性地被用户喜爱，那么推动起来自然"理直气壮"，一步步确定性地推进，也会最大概率地带来产品的成功。如何提高产品的确定性，就是本章要讨论的问题。

5.1 确定性的价值

确定性在生活中比比皆是，而且不止常见，人们对确定性一贯以来有着极高的追求。

"一手交钱，一手交货"是交易过程的确定性，"童叟无欺"是交易信誉的确定性，无条件退换，是对产品质量的确定性，"白头到老"是对爱情的确定性，"杀人偿命"是对于法律责任的确定性。菜谱就是"这样做"可以确定性地得到一个菜品的描述；疾病的治疗方法，就是对于一种疾病"这样处置"可以确定性地获得痊愈或改善病情的方法。所有的专利和方法论都是对解决某一问题的方法的"确定性"描述。如果没有确定性，一切事情都是随机发生的，那么很难想象我们的世界会变成怎样。

在科研领域有一个说法，如果一个技术已经被确定性地研发出来，即使不了解其中任何的技术细节，仅是知道这个确定性信息都有着巨大的价值，因为这意味着"这条路"确定是可行的，只要找到其中的方法即可，不会出现"一直努力向前走，走到尽头是死胡同"的悲剧。

而在产品设计中，确定性却在很多时候呈现出一种"稀缺"的状态。如果我们可以确定性地知道做了某个新功能，就可以带来某个确定性的效果，产品设计就变得很简单了，干就行了，不用再花费时间去论证、立项。反过来讲，为什么在产品中要鼓励"试错"，也是探寻确定性必须要花费的成本。但需要有一个观念，"试错"的目的不是一直"试下去"，也不是"错下去"，试错是一个允许通过尝试找到确定性，在过程中可以接受一定成本的态度，是寻找确定性的一种方法，而绝不是目的。所以，提高确定性是提高产品成功率的一个重要环节。

5.2 提高确定性的方法

提高确定性最基本的条件，就是要清楚当前所处的阶段，对什么应该创新，对什么应该继承，要有更清楚的认识。

很多人认为，做产品是一个不断创新的过程，同时也会抱怨老板总是说"看看别人怎么做的，抄一个过来"。其实这两种思路都有其内在的逻辑，关键在于什么东西应该使用拿来主义，什么东西应该进行创新。一个产品的发展有其自身的生命周期，基本分为 7 个阶段，每个阶段的重点和要解决的问题都有区别。

一个产品的第一阶段是初创期，在这个阶段，产品要经历一个从 0 到 1 的过程，很多人认为这个过程最大的难点在于把产品做出来，其实真正最难的并不在于此，而在于推出的产品能被市场接受。太多的产品并不是死在产品的质量低、功能不完善上，很多成功的产品在推出的初期非常粗糙，甚至带着不少 Bug，但一个有用但粗糙的工具对于用户来讲，远远胜过精美而无用的垃圾。所以在这个阶段，最核心的产品目的在于快速推出 MVP 模型，尽快在小范围内进行用户实验，确认是否能够达成 PMF 模型。因此，在这个阶段，最核心的事情就是将自己产品的核心价值体现出来，接受市场的检验。例如爱奇艺上线的最初期，页面结构只有 3 层——首页、列表页、播放页，甚至没有各个频道的首页，也没有例如搜索、推荐、评论的功能，但这并不影响核心功能在市场的反馈——找到视频，完成观看；反之，在如此不完善的功能下，对核心功能的开发却在有限的时间内做到尽可能完备的状态——当时全网最高清晰度的播放效果、最大号的播放器、提高播放体验。腾讯 QQ 也一样，在那个还叫作 OICQ 的年代，最早的版本用现在的眼光看，可谓是简陋、粗糙，没有表情、皮肤、QQ 秀，有的只是在简单的窗体中向陌生人用文字致以问候"晕，原来你也在网上冲浪啊"。但这些"独特"的、"核心"的功能，是否有人使用，是否能够被市场和用户所接受，才是这个阶段最核心的目标。

当产品被市场接受以后，产品就进入了第二个阶段，验证完成，完善功能并扩大用户群。这个阶段做的事大多是在"补课"，因为第一阶段的核心目标在于用最小化的产品进行市场验证，所以在完成验证的时候，往往产品的完整度都有所缺陷。此时就要进行大量的完善工作，而在这个阶段，最应该遵循的就是"不要重复制造轮子"的思路，快速完善产品而不是所有功能都要重新设计。例如登录注册模块，在产品初期有可能没有设计，在这个阶段要加上的时候，就没有必要进行重新设计，最好的方法就是找到比较成熟的设计，完全借鉴过来，这就是"增加确定性"

的一个方式。因为互联网发展到如今的阶段，有无数基础功能和基础体验，在经过了很长时间之后完成了市场验证，并且已经积累了用户的使用习惯，对于这样的功能，如果不是自身产品的核心点，最好的方式就是使用已经成熟的体验。很多人抱怨老板不去创新，只是抄袭的时候，产品可能正在经历这个阶段，从产品管理的角度上讲，这样做没有错，甚至是比创新更容易获得成功的方法。只是个人要注意一点，不去创新、一味模仿可能会让自己的进步打折，所以，在这个过程中，如何能在模仿中学习到对方精妙的设计，是需要有额外思考的。这部分我们后面讨论，暂且按下不表。

在《孙子兵法》中，有"守正出奇"的理论，这里的"守正"也是增加确定性，用可靠性更高的方式提高自己基本面的逻辑，而"出奇"的差异化竞争是在"守正"的基础之上的。因此，可以说提高确定性，是产品生存的基本面，把最基本、最常用的功能通过"他山之石，可以攻玉"的方式归为己用，最快地将产品的基础体验做好，将更多的精力和资源放在核心价值上，树立高壁垒，才是提高产品成功的方法，不要为了创新而创新。

5.3 提升各个阶段的确定性

产品在不同的阶段，产品的重点也不同，产品经理的关注点与核心工作也有差异，需要在不同阶段有针对性地提升工作结果的确定性。

在产品的早期，为了提高其确定性，在产品的基本体验上要进行更多的借鉴操作。其实不只是初创期和 MVP 阶段，在产品生命周期的各个阶段，通过提高确定性，降低风险，都有持续意义。

经过了 MVP 阶段之后，产品会进入跑马圈地的阶段，此时最重要的任务在于，在更大范围内进行推广验证和用户获取，以及在这个过程中抢占后续发展需要的核心资源。由于小流量测试和大流量测试在样本量上的差异，在结果上可能存在差别，因此需要在更大的推广范围内验证并进行产品调整，以便为后续更大幅度的推广战役做好准备。而占据核心资源更是在这个阶段中重中之重的工作。在初创阶段，基本所有产品在和投资人进行沟通时，都会有一个"灵魂拷问"——"如果 BAT 也做这个业务，你怎么办？"的确，一个产品如果验证了模式达成了 PMF，作为市场领先的企业，没有理由不去分一杯羹，而如果市场巨头入场，对于小企业往往是降维打击般的灭顶之灾。而防范这种风险的有效方式就是在这个阶段储备核心资源。

如果做的是一个短视频类的平台，最重要的核心资源绝对不是播放技术，也不是带宽与服务器，因为这些都是在公开市场上很容易买到的资源，真正的核心资源一定是不能直接通过钱购买的。作为短视频类产品，最关键的资源在于内容，而由于短视频属于 UGC+PGC 模式，核心的内容创作者就是这个系统中最重要的资源。如何为这些人提供更好的服务、氛围、分成机制、涨粉环境之类的生态系统，就是这个阶段能够吸引更多优质创作者的关键要素。因此，产品在这个阶段最重要的事情也是发现核心资源、利用产品技术的方式提高核心资源的获取能力和固化能力，其余功能都是某种意义的"次要"功能。

曾经有一位做产品的朋友和我交流，抱怨她的老板不重视她负责的业务板块，她所负责板块功能都是别的业务功能完成之后，再按照对方的进度做上线，自己完全没有主导权。于是我询问了她负责的业务内容，经过一番沟通，了解到她做的是一个智能停车场的项目，业务模式是在停车场安装智能闸机和支付系统，减少停车场的人工需求，而她负责的业务单元是用户端的 App 和小程序，主要是支付、账号绑定等功能。这样一来线索就很清晰了，这个行业当时正处于跑马圈地的阶段，大家都在抢占市场，而这个市场有一个最大的特点，就是能拿下多少个停车场。只有与停车场合作才有用户的基础，用户才有可能使用 C 端产品。而不是本末倒置，以用户为核心，毕竟无论提供停车服务的 C 端产品有什么样的功能，体验多么方便，用户也不会在不使用的状态下安装。所以，在这个阶段，停车场和物业公司的需求，就是来自市场的最直接的需求，也是最高优先级的需求。而 C 端产品的机会，在于市场格局已定，有一定的用户基础之后，在给用户提供更便利的基础上再进行更多的增值业务。所以，很多时候并不一定是公司不重视某一条业务线，而是这条业务线在某个阶段不一定是主力。这就需要看清楚产品所处的阶段，明白每个阶段最重要的任务，基于任务挖掘需求与业务。

这也是一种提高确定性的方式，所以业务的本质就在于创造价值，而产品本身的重要因素，就在于提高资源和价值的转化效率。在每个发展阶段中，做正确的事情就是提高产品确定性的法门。在早期，产品能否被市场接受是最重要的，所以要做 MVP 进行快速验证；在确认市场需求之后，由于产品还处于蓝海阶段，各种核心资源的获取成本尚未由于市场的充分竞争导致价格虚高，在这个资源价值还在低位的状态下，就应该通过产品的方式，吸引并夯实更多的资源，为后续的竞争打下良好的基础，这也是提高最终确定性的方法。

5.4 确定性的路途

通过小步快跑、步步为营的方式不断达成产品的确定性。

我们经常说"小步快跑",但什么是小步快跑呢?很多人理解成了敏捷开发、快速迭代。这只是"小步快跑"的动作描述,我觉得"小步快跑"确实是制作互联网产品的一个好方法,而且互联网产品因为具备"无须开模""实时上线"的特点,"小步快跑"就成了一个有别于传统产品得天独厚的优势。但只是"小步快跑"是远远不够的,因为跑不是目的,只是一种高速行进的状态,跑步的目标在于到达明确且正确的目的地,如果开始的方向错了,那么跑得再快也只不过是在南辕北辙的路线上更快速地撞到南墙而已。所以,"小步快跑"更多只是在行动上的一种方针,并不能成为完整的策略,做产品真正的难度,很大程度上在于"方向感","如果你知道要去哪,全世界都会为你让路"这句略显"鸡汤"的名言,放在产品上也是没错的,如果你知道用户的需求在哪里,并且可以通过产品加以满足,全世界都会帮你传播。所以,在产品设计上"小步快跑"的同时,更重要的是时刻修正自己的方向,因为探索用户需求从来没有平坦的大路可以走。固然,"世上本没有路,走的人多了就成了路",这条路就是有了高度确定性的产品模式,但是已经成了路的路,对于先行者来讲是"走别人的路,让别人无路可走",毕竟市场已经具备确定性模式之后,留给后发者的空间就很小了。很多蓝海竞争、寻求差异化,都是在一片荒原上,要靠着自己的力量踏出路来,这就需要更多的方法来提高这个"荒野求生"的生存概率。

第一个方式,摸着石头过河,看别人走过的路,对于我们增加确定性的帮助很大。就像在一片雪地中,如果看不清前面的路是很危险的,但是如果能踩着别人的脚印向前走,至少能最大限度上减少掉进坑里的风险。在前文我们提到过,做产品就像摸着石头过河,河水是流动的、液态的,就像市场上充斥的非确定性,因为市场状况、用户需求是在不断发生变化的,所以祈求不变是不可能的。过河是我们的目标,增大过河的确定性的最好方法就是摸石头,因为石头就是在这不确定之河中难能可贵的"固体"——确定性。对于产品来讲,分析和借鉴其他产品,很多人觉得就是照搬别人的产品,实则不然,真正的摸着石头过河应该是透过产品的表象,看到产品内在逻辑符合了哪些的用户需求,通过这样的用户需求和满足方式的认知提升,成为增大过河成功率的筹码。当然,有人会问,明明有桥为什么不走非要摸石头过河。这就是前文中提到的,很多时候已经建成的桥、已经踏成的路,固然已经形成了成功范式,但成功很大程度上是无法复制的。"学我者生,似我者死",走上前人已经达成的成功范式,大概率会出现资源锁死的情况,毕竟所谓后起之秀、弯道超车,大多数都是掌握独特资源者的结果,而非可以简单重复的。

第二个方式，数据分析。互联网行业进入下半场之后，一个显著的特点就在于越来越多的理性数据分析取代了感性决策。因为在上半场，很多产品都是从无到有的，就像 20 多年前，中国第一批互联网企业，如百度、搜狐诞生之时，在中国，甚至世界范围内都没有多少人懂什么是互联网，那个时候按照国外的经验，结合本土情况，满足基本需求就可以成为不错的产品和公司。因为在一片蛮荒中提供服务，尤其是免费服务，总不至于错得太离谱。在之后，第一批互联网产品经理的一个重大要求就是"网感"，因为那个时候能用计算机、能上网就已经是很先进的状态，所以，拥有"网感"，知道网上有什么样的需求并做出来，已经是那个阶段产品经理很高的要求了。但到了现在，互联网、移动互联网行业已经进入了下半场，90 后、00 后已经成了互联网的原住民，"网感"早已不再是独特能力，而成为每个人的基本认知，并且绝大多数的显性需求已经早已供过于求，在没有新产品的空白赛道的状态下，精细化运营就成了必不可少的能力。在这里，数据分析能力尤其重要，因为在传统行业中，数据的获取和收集有着先天难度，通过再优秀的市场调研机构进行的调研报告也有样本数量、样本偏差、时效性等诸多问题，但互联网，尤其是解决了存储、计算问题之后进入大数据时代的互联网，拥有了前无古人的分析决策能力。在这样能力的帮助下，每个产品经理都轻松拥有着全量、即时的数据统计分析能力，从全局，可以方便地看到全量用户的趋势与走向，从微观可以了解到每个用户的动作与行为，配合第三方报告，还可以跟踪竞争对手的走势。可以说，在这个时代，"阴谋"越来越少，而"阳谋"越来越多，通过数据分析得出用户的需求认知，是最为准确和有意义的。

第三个方式，在数据分析基础上的 AB test。从某种意义上讲，现在产品的复杂度的提升速度越来越快，这个速度已经超过了人脑对于复杂事物的分析能力。很多对产品的观点，也开始从机械唯物主义的控制论，转向了生物繁衍突变的进化论。设计出"生态的""活的"产品，在市场中接受检验，通过市场的真实环境得到的反馈来动态调整产品，成了新阶段产品新的运营思路。在这个生物学观点上，每个产品的功能改进都是某种"突变"，将"突变"上线，通过数据反馈进行调整是基础，而通过 AB test，同一时刻可以对几十个"突变"点进行试验，无疑将极大地提高产品的进化速度。而且 AB test 能带来的价值还在于，不会因为负面突变造成的用户体验降低影响大面积用户，用最真实的情况的实际反馈代替无休止的产品推演。在这个背景下，"为什么用户喜欢这样"的背后逻辑，可以留到产品上线后再进行分析，或者干脆留给学者作为课题研究。而"用户既然喜欢这样，那就这样吧"的进化逻辑，最大限度地避免了由于产品经理本身的认知和思维的局限性带来的产品用户认知差。这个 AB test 步步为营的方式，在某种意义上才是真正为每个细节节点增加确定性，小步快跑地不断提升产品的终极路径。

而产品的 3 种进化方式，也是产品基于提高确定性的通路，将自身从固态转为液态的过程。传统的产品更像是一座大理石雕像，神圣而威严，我们想在上面添砖加瓦、修补创新需要经过很多次推论、研讨，最后谨小慎微地进行一点点的修补。但如果从来就没有固态的雕像，既然是液态的市场，就把产品研发设计也降维为液态，通过不断试验，将自身和环境融为一体，成为市场有机存在的一部分。

5.5 摸着石头过河

做产品，从来就不是一件轻松惬意的事情，因为要无时无刻地与非确定性共舞，可以称为"如履薄冰"，而摸着石头过河，是一种高确定性的方法。

上一节谈到，由于用户和市场的需求在一直变化，本质上是非确定的、流动的液态，而河中的石头，就是在不确定性中的难能可贵的确定性，通过摸石头的方式增加确定性，提高到达彼岸的生存概率，下面讲几个要素。

1. 什么是石头？

并不是每块石头都是有确定性的，在通过河流的时候，握住一块随时会被湍涌河水冲刷得不知去向的石头无疑是没有意义的。这种"小石头"在产品中来讲，就是"表象"，很多人做产品，在参考、借鉴、思考别人的产品的时候，往往陷入了这样的"表象"之中。很多时候讨论的更多的是某一个产品的样式、功能、特性、视觉效果，这些固然是产品要素，但本质上都是满足当前用户需求的一种表象化呈现，我们需要拨开现象看到需求的本质，这个需求的本质才是我们通过河流的确定性筹码，这就是牢牢钉在河床上的礁石。

那么，如何才能透过表象看到需求的本质呢？就以从 2019 年下半年开始火爆的直播带货来说吧。如果我们看到的只是"李嘉琪"和"薇娅"们的"Oh my god"，就简单地认为这只是一个主播依靠颜值和口头表达能力就可以得到巨大收益的商业模式，从而觉得在自己的产品上，可以通过增加类似的功能，寻找类似主播进行嫁接，大概率收获可以令人满意的效果。然后按照惯例进行了另一轮的分析，通过分析之后发现了和成功产品在几个购买按钮位置、颜色、尺寸的差异，于是在下一个升级版本中改了这些部分，依然是不死不活的状态，所以最后归结为公司没有这样的 DNA。这样的研究层次就是在表象进行的思考。

如果我们可以用战略层、范围层、结构层、框架层和表现层的结构进行思考，就会发现在直播带货这个逻辑中，口才和颜值只不过是表现层的差异。

主播在直播的过程中最重要的价值与作用，在于提高销售转化率，李嘉琪的一句"Oh my god"就吸引了多少人疯狂剁手，这个作用比起干巴巴的商品详情页的图文介绍无疑高效了很多。而转化率毕竟是一个比例问题，需要乘以流量系数才能构成最终的转化订单，所以直播流量也是一个关键指标。大主播们最后形成的价值就在于两点：（1）强大的带货转化水平；（2）长期积累的粉丝"自带流量"。罗永浩的首次直播，在流量上得天独厚，抖音号称给3亿曝光，这对于抖音而言并没有太大压力，而且可以成为一个抖音全面进军电商的市场宣传，而罗永浩自带流量和话题，直接带来的就是大量媒体免费转发这次事件，使罗永浩和抖音在宣传上得到了一个双赢的状态，这也就是为什么很多宣传要用明星，甚至要找争议点的原因。

提高流量和转化之后，第三点其实是很多人恰恰忽视的，直播带货非常关键的一个要素就是商品和价格。头部主播之所以可以一直保持强大的带货能力，其实绝不只是巧舌如簧，而是在范围层非常坚实，这是商业的本质。"李嘉琪"和"薇娅"们的选品的严苛程度非常高，基本要求是产品2~3个月内的全网最低价格，而且在这个基础上要进行选品，选品通过率不超过10%。这才是他们可以在一段时间内快速走红的重要原因。价格低，质量好，而且通过他们的前置选品，在这个供过于求的时代可以降低用户侧的选品成本，从根本上降低成本，提升体验，这才是头部主播最重要的一点。我们可以试想一下，A主播，貌不惊人，语言平庸，但产品质量极好，并且价格超级便宜；B主播，国色天香，天花乱坠，但产品质量糟糕，价格完全在坑人。结果会是怎样的？

和你们想的不太一样，A肯定是有长期回报的，但B主播的收益不少，但这个不是买产品的模式，而是用产品作为"火箭"的打赏模式。所以，还是要回归到商业和产品的本质看待问题。

通过这样层次的思考，才能看到真正的用户需求是什么，本质上还是成本节约＋体验提升的方式，成本节约体现在商品的获取成本（几个月的价格保护）以及选择成本降低（供过于求的时代选择成本越来越高，所以导购的价值开始凸显），体验提升表现在，直播的方式是现在所有方式互动性最强、反馈最及时的方式。找到了这样的用户需求的关键点，就有机会在自身的产品设计中满足这些关键要素达成自己的资源禀赋，或者对关键要素的满足方式进行重新的排列组合形成产品创新。

2. 水是什么？

水固然是市场和消费者需求，但正如液态的水，市场和消费者需求也是瞬息万变的，用之前旧有观点进行分析，往往会在新的市场中得到错误的结果，就像我们无法第二次踏入同一条河流一样，我们也无法重新涉足同样的市场，这也就是为什么我们无法复制成功产品的原因。例如微视，作为短视频的后起之秀，尽管背后有腾讯对短视频领域的战略支持，可以说是倾全力进行推广，但从流量和效果上差强人意。最大的原因绝对不是腾讯技术不济，也不是资源不足，甚至不是腾讯的产品不了解用户需求。恰恰相反，腾讯长期以来，安身立命的关键要素就是通过自身雄厚的资源，在一个产品已经有了确定性，满足市场需求之后，对其核心要素进行分解、组合、再利用其强大的资源能力做出超出原有产品体验水准的产品，继而占有市场。所以腾讯作为短视频的后发者，在微视品牌再次启动之时，一定是对市场、用户、竞争对手产品做了极其详细分析之后"谋定而后定"的状态。但之所以到我写作之时依然没有撼动抖音和快手的市场垄断格局，就是因为对市场形势的一个误判。如果是腾讯视频所涉足的版权长视频领域，后发依然拥有较大机会，因为版权长视频内容本质上是一个中心化的生产机制。绝大多数的头部内容的产出来源于少量的专业机构，而且视频的采购价格极高，就会出现很高的采购门槛，而用户本质上对长视频产品并没有太高的忠诚度，更多是跟随着自己想看的头部内容选择观看平台。在这样的背景下，一个后发产品只要具备足够的资金储备进行内容采购和制作，以及足够低的流量成本和强大的变现能力，就有机会后发制人。这也就是为什么爱奇艺能在 2010 年市场有一众视频产品的状态下依然可以脱颖而出，通过百度获得足够大量的低成本流量是一个很重要的条件。而短视频平台的关键要素已经发生了质的变化，这是一个去中心化的创作观看平台，自媒体作者选择平台的关键要素在于平台是否有足够多的用户，以及是否有足够好的变现条件，简单而言就是"名利"二字。在这样的状态下，抖音、快手已经占据了足够多的用户，无疑是自媒体作者的首选平台。在这样的条件下，微视的应对方法是用补贴的方式笼络自媒体作者，但由于视频创作的成本本身比较高，补贴的费用不足以覆盖成本，而用户流量又明显低于头部产品，就造成了一个恶性循环——自媒体作者主力创作平台依然是抖音和快手，对微视是一种观望态度，为了获取补贴，理性的选择就是在抖音、快手的原创内容基础上进行少量的修改就发到微视平台。这样的结果对于用户来讲也是没有意义的，因为已经在抖音、快手上看到了相关的内容，甚至是更好的版本，没有理由再到另一个平台上观看。而且单体短视频内容，对于用户而言，相比版权长视频属于弱需求，并不一定非要看某一个作者的内容，更多的决策还是在于一个平台的作者是否足够多，内容丰富度是否高，以及内容更新性上。这样的比较就进一步让微视落入下风，因为这已经是一个被充分满足的市场，再次复制成功路径，完全无法得到相应的结果。这就是要思考水的意义，对市场的分析往往是滞后性的分析，所以只能透过数据、现象分析"当时的市场"下的用户需求与市场拼配的状态，而不能寄希望于市场不发生变化的直接复制。

3. 水中的枯骨是什么？

在水中，除了有石头，还会有很多枯骨，这些枯骨就是失败的产品和失败的产品功能。很多时候分析失败产品，在某种意义上讲，比分析成功产品还有价值，成功产品难以复制，但失败产品是可以避免的。对于失败的产品，我们不要简单地进行嘲笑，反而需要从这种失败中找到很多确定性的价值，而且往往是一种需求边界的确认。例如，阿里巴巴一直在"社交"情怀下做的产品"来往"，马云也亲自站台，并且发起全民运动似的方式进行推广，但是最终也无法撼动腾讯系在社交产品的统治地位而折戟沉沙。从这里可以分析出强关系类社交产品，对于关系链的要求极高，而腾讯产品在关系链的满足上已经做到了一个很高的水准，在拿不到基础关系链的状态下，想打破腾讯的垄断几乎不可能，所以在社交赛场，腾讯脚下倒下的也不止"来往"一个对手，百度 hi、网易泡泡、移动飞信、飞聊、子弹，哪个不是系出名门或者名噪一时，但回归到需求的本质就是，用户在一个被满足得很好的市场，已经不需要"另一个"。这就可以避免很多没有意义的尝试，做产品要有一种"知止"的品质，有很多领域，由于一些特殊的门槛与壁垒，并不是"我也能做出一个微信"这样的产品技术考量就可以突破的，也并不是靠着一种人定胜天的意志品质就可以克服的。看到这些河中枯骨，明白什么路是无法走的，可以最大限度上避免把时间和生命浪费在无意义的事情上。

5.6 产品经理的职业发展，要在低确定区域达成高确定性

在产品经理的职业生涯中，确定性与非确定性有着很强的辩证关系，要追求在低确定区间的高确定性。

最近一两年，网络上不少针对互联网职业人群"35 岁是个坎儿"的观念甚嚣尘上，感觉上，在互联网行业中，35 岁以上的高年资的人群很小。那么，这些人去了哪里，真的如很多公众号所言，这些人都去开滴滴、送快递、卖保险了吗？这里就要探讨一下，35 岁的"坎儿"到底是什么，为什么很多企业会在实际操作中淘汰或放弃年龄较大的员工。

这里的原因有两个，首先，互联网行业进入了下半场，其上半场是百废待兴的阶段，无数的产品、无数的企业快速崛起。在这个阶段，由于岗位需求量暴增，供需关系事实上长期处于一种供不应求的状态，特别是产品经理这个岗位，由于本身出现时间较晚，并没有纳入高等院校的教育体系，所以，这一批的产品经理都是从技术、设计、运营、销售等各个不同的岗位上转岗"半路出家"做产品的。同样，这个阶段对研发工程师的需求也是类似的，所以就会出现产品经理和研发工程师的收益长期大幅度高于社会平均工资水平的情况。这样的状态，在某种程度上，并不只是创造价值、能力的差异，背后的供需关系的影响相对来讲更显著。但是互联网行业进入了下半场，互联网的各个领域的基础设施和头部企业的格局已经基本确定，有的领域三分天下，有的领域一家独大。但无论怎样，供需关系已经基本趋于平衡，岗位的新增需求量变少。但是由于之前很长时间处于供不应求的状态，而且因为待遇高、社会评价高的特点，使这个行业对全行业的人才都有很大的虹吸效应。高校的院系设置、录取计划都在向着信息产业倾斜，而这些院系往往在学校中的录取分数是排前列的。更有很多人在高招社招中，不断尝试跨行业进入互联网行业。这样的过程已经持续了十几年，而且每年依然有很多新人进入这个行业，这都使供需关系日趋平衡甚至在局部行业、局部地区出现了供过于求的态势。

第二，从竞争状态上看，从某种意义上讲，产品经理这个岗位在公司中也是一种产品，因为产品经理在这个岗位的工作也是出让自己的时间和劳动成果，符合公司需求获取劳动报酬的属性。而任何产品都会面临竞争，高年资产品经理相对的管理成本比刚入行的新人高出很多，他们往往待遇要求更高，而且由于大概率有了家庭，身体也不像 20 岁出头的年轻人，对长期加班基

本抱排斥态度。在这些要素上和年轻人相比必然处于劣势。而相对优势可能在于经验丰富，但这里有一个问题就是，很多高年资产品经理尽管工作时间很长，但是积累的并不是经验，而是经历。这一字之差，谬之千里，我看过很多简历，有一类基本就是这样的内容，但经历不等于经验。

本人熟练使用 Office，精通 PRD 撰写、UE 绘制，设计过我司 3 个产品，总计 15 个模块。

在公司负责召集产品会议，与研发沟通需求。

本人有很强的抗压能力。

这在我看来，不是经验而是经历。经验是从经历中提炼出规律，总结出方法论。企业要的是经验，因为经验是可以复制的，这个复制是可以为企业的发展增加确定性筹码的，而经历只能用来写回忆录。所以，很多人经历了十年，但并没有积累下真正有价值的经验。很长的年资，但依然做着最基础的工作，而这些工作因为门槛和专业性很低，有很强的被替代性，按照时下的一个流行词来说，就是工具人，是新的毕业生加以培训，半年就能替代掉的"工具人"。我们都知道纯粹做工具化的产品，有着高替代性，如计算器、手电筒的 App，因为它们没有壁垒，也没有用户黏性，其实工具人产品经理也是高替代性、没有壁垒的。这才是 35 岁真正的门槛和天花板。

专业技能　商业思维　职业/管理　用户洞察　运营思维　综合能力

小白　产品专员

PRD撰写　创新力
UE制作　职场力
初级数据分析　PPT能力
执行力　行业知识
沟通能力
学习能力

如何摆脱这样的时间诅咒呢？我认为关键在于要让自己主动跨越确定性门槛。产品经理的工作有两大类：高确定性和低确定性。在入行的时候，我们往往是领导手、眼、口、脑、腿的延伸，工作基本围绕着文档、交互设计、数据分析报表和项目推动展开。这个阶段的工作属于动作层，我们只需要对完成的具体文档负责，而不需要对产品的结果负责，因为这个阶段的需求方，事实上是自己的领导。而可怕的是，很多产品经理习惯于这个阶段，在后面的职业生涯中没有突破这个状态。这个阶段似乎很没有成就感，但是对很多人来讲这也是一个舒适域，不需要为 KPI 负责，尽管可能要加班，也可能会很辛苦，但只要完成"规定动作"就可以了。但长期处在这个状态下，不向上突破就成了 35 岁被淘汰的最大原因。因为这些文档工作几乎没有核心竞争力，毕竟没有任何一家公司是按照打字员的要求来评价产品经理的。这就是产品经理的第一种工作类型：高确定性工作。

　　而另一种，就是低确定性工作。产品经理之所以是"经理"，本质上还是要经营管理一款产品的，核心价值在于对产品结果负责。所以，在这个层面，产品经理要把自己跃迁到"任务层"，根据公司布置的对产品的任务，如 DAU 的提升、GMV 的提升、用户成本的控制等，有创造性地进行工作。在这个阶段，PRD、UE 和数据分析都不再是目的，而只是完成任务、便于沟通的手段。在这个阶段，产品经理的工作的着眼点就在于需求分析、竞品分析、市场和行业分析，用在这些分析中获得的认知进行分析，从而得出产品方案，驱动团队，最终完成任务。但是产品设计与结果，从来就不是一个完全确定的事情。有这样一句话，"最好的产品经理，也最多战胜一半的 AB test，说的就是产品设计即使考虑了所有情况，达到了"算无遗策"的地步，也无法保证最后的效果一定可以达到预期。在这样的非确定性状态下，接受挑战并且能更高概率地完成任务，才是一个产品经理的核心竞争力。

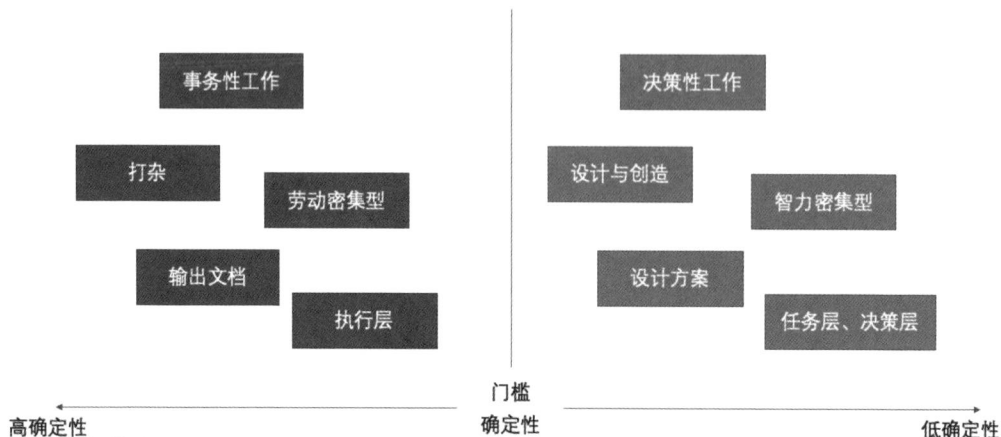

所以，产品经理一定要尽快进入这个低确定性的工作范围，才能把自己从"劳动密集型"人才提升到"智力密集型"人才，这是破解 35 岁魔咒的不二法门。在这个低确定性的工作范围中不断提高自己，在低确定性的范围内做到了高可靠性，就成了自己的核心竞争力，这个竞争力是和经验正相关的，完成了这样的正向循环，也就成了时间的朋友。

5.7 在低确定性区域，形成自己的确定性成长闭环

通过反馈闭环，为自己的成长打造高确定性的通路。

有人曾经问过我，"老板不给我做决定的机会怎么办？"我觉得这个问题可能是摆在很多人面前的一个实实在在的问题。但事实上，这个障碍并不存在，出现这个障碍很大程度上是因我们习惯于被分配任务。从小到大，无论是在家庭还是在学校，很多时候我们都被教育"不要做出头鸟"。但事实上，这样的生存策略，在现在的职场上反而是最大的风险。永远做被动的任务接收者，就类似生产流水线的工人，做的是"来料加工"的"标准动作"，最后怎么能摆脱"工具人"的命运呢？

所以，首先要改变自己的观念和习惯，要化被动为主动，主动寻找和创造机会。例如在头脑风暴讨论会上，发表自己的看法；对产品有新的想法和思路，主动进行沟通，甚至进行方案输出。没有领导反对下属多想多做，这样的主动会不断地给自己加大向上的筹码，积累势能。当然这些想法、提案一定是做了充分准备的，并不是一拍脑袋的灵光闪现，这就是我们在本书中一直讲的，在现在这个时代做产品，早已不是通过"灵感""创意""网感"推进的，而要依赖系统的打法和成熟的模型、框架、方法论，基于底层进行设计。所以，学习和掌握成熟框架能够极大地提高我们的确定性，因为这些框架与方法论都是经过了长时间大量项目的广泛应用打磨出来的，可以说是凝结了人类智慧的结晶。例如 HWM 告诉我们，需求的解决可以有更多的可能性，可以有系统的方法多角度地穷举方案；ICE 的排序让我们知道，需求的排序不是看谁的位置高、嗓门大，更不是按时间排序，而是有科学的排序方法；KANO 模型让我们明白，为什么有的功能尽管是用户提出的，但做了之后并没有数据结果的回报，因为有"无差异属性"这种用户根本不在乎的状态；古腾堡、格式塔、菲兹这些定律告诉我们，不止"好看"这么简单，用户体验是可以被有效计量的。查理·芒格，这个股神巴菲特一生最好的朋友、合作伙伴和智囊，一生精通上百个模型，为的就是在投资决策过程中有章可循。我们在进入产品江湖时，也必然不能赤手空拳出发，心中有着绝世兵法，手上拿着神兵利器，才能在这个江湖中更好地存活下来。

而且，这些模型和方法的另外一个作用，就在于能够降低失败的风险，很多人之所以不愿意做决策，很大程度上是因为所有的决策都有可能失败。而失败带来的风险和负面体验，无疑会给

人带来很大压力。但很多方法论是专门针对这种失败风险进行风险控制的，例如 **AB test** 就能让我们在付出尽量小的代价下完成测试、积累认知。毕竟 5% 的体验问题，是完全可以接受的实验成本。按照正确的方法做事，哪怕结果不好也不会让我们损失太多。

按照这样的体系，我们就可以有意识地打造自己的职业成长闭环。对于产品经理来讲，最为宝贵的财富就在于判断力，如果可以在一个项目开始之前就对其结果有判断，这无疑对公司有巨大的价值，因为你可以提高产品成功的确定性，而这样的确定性能力，也将提高你在职业生涯的确定性。所以，判断力的提高，就成为产品经理职业成长的核心目标。围绕着判断力，要形成一套目标、方法、反馈、复盘的成长闭环。

首先，做所有的事情都要明确自己的目标。不要为做什么而做什么，要明确一个事情的目标和方法的差别，写 **PRD** 的目标不是排版得优雅，而是为了和研发人员沟通得清晰、顺畅；与研发人员沟通顺畅的目标是一个产品能够更加高质量的完成；一个产品开发能更高质量完成，是为了更好地达成产品目标；而产品的目标是要找到可以量化参考的数据作为佐证。制定了目标，所有的工作都应该围绕着目标进行，这也让我们的思想更为聚焦。

其次，在目标明确的基础上，要使用正确的方法，人类和动物的最大区别就在于，人类可以主动地使用工具并制造工具，而工具可以带来效率的极大提升以及确定性的提高。所以，在工作中我们也要有意识地摒弃"野路子"，不要再依靠"之前我们这样做的""别人是这样做的"，这样靠着感觉做产品，靠着巧合拿业绩。要用正确、合理的方法步步为营地进行行业分析、需求分析、竞品分析、用户调研，有章有法地去做真正的设计。

再次，按照有效的方法进行实施后，一定要有明确的结果反馈机制，因为过程的辛苦固然有价值，但这个世界更多是以结果论英雄的。毕竟一个产品、一个公司的成功，是以最终的商业回报为主要评价标准的。在这样的背景下，每个设计、每次尝试都应该在操作前思考数据反馈如何获得，以怎样的标准作为反馈的标准。例如，我参与过一个项目的研发，用短视频作为传播媒介，让全国几万名业务员，通过微信朋友圈、群和点对点聊天的方式进行传播，并间接带来销售转化效果。这个项目在构想阶段，在内容具体的创意之前，首先思考的是数据如何获取、如何评估。因为在微信中直接发送视频是无法获得数据结果的，所以，最终我们牺牲了一部分用户体验，选择采用小程序进行发送，用户必须点开小程序，在小程序中观看视频。尽管从操作步骤和体验上不是最极致的，但是后台可以收集更多信息，可以看到用户的完播率、播放量、停留时间、转发率、互动率以及用户信息。通过这些信息可以进行各种维度的数据分析，既可以更好地评估项目本身的效果，又可以为以后的内容创作、产品优化提供有效支撑。因为，综合而言，获取这样的反馈闭环的价值远远高于直接发送视频对用户体验提升的变化。对于我们也是一样，如果我们的工作无法得到结果反馈，意味着我们无法知道使用的工作方法是否正确、判断是否合理、是否有更有效的方式，也就无法形成反馈闭环，从而修正和提高我们的判断水平。我个人一直不建议有志于长期从事产品经理的朋友从事定制外包类的项目，原因也在于此，该类项目更多地在于销售能力以及需求分析和项目完成度，在交付之后，产品经理无法获得数据反馈，也没有优化产品的工作过程。长期下来，自身很难积累对于产品的经验认知，判断力更无从谈起。

得到了反馈之后，就要进行最后一步——复盘，复盘可以说是一个人提高的最重要环节，"每日三省吾身"说的就是复盘。复盘的核心就是要通过结果与目标的偏差，找到其中的原因，继而修订判断，提高能力。例如一个项目，原本的目标是提高 3% 的转化率，结果在上线之后只提高了 1%，这就要通过复盘积累一个认知——这样的产品方案，在这个状态下是可行的，但只可以提高 1% 的转化率。但同时要思考，用户的转化效果为什么会低于预期，这个认知的偏差在哪里？是对新改动的用户意愿过于乐观，还是对于用户的体验需求了解不够。想清楚这一点，就可以为后面的提高打下良好的基础。同样，如果目标是提高 3% 的转化率，但结果是提高了 6% 的转化率，在超额完成任务的状态下，除了可以沾沾自喜，还要冷静反思，因为任务完成固然很好，但认知在这个过程中实际上出现了偏差。为什么会低估结果，一定是对用户和产品之间的关系还有没有考虑得尽善尽美的部分，同样可以找到这个认知偏差的部分，为下一次更准确的判断铺路。

"目标→方法→反馈→复盘"的闭环就像一个砂轮，通过它我们的判断力会像利剑，经过不断打磨，越发锋利。因为产品经理的个人成长和产品的优化一样，不应靠灵机一动的天外飞仙，而应靠步步为营的高确定性方法，这才是正确的进步之路。

第 6 章

产品思维重在认知

产品经理只是一个岗位，而产品思维是一个人受用终生的思维操作系统，产品思维的核心在于

对认知结构的重新梳理，以及对认知高度的持续升级。

6.1 个人成长与自我投资

作为一个职场人，如何持续成长尤为关键。那么，如何在社会的高速发展中持续保持竞争力，这就需要我们用产品经理的思维对自身进行设计与运营。

很多人让我推荐书的时候，往往会问一个问题，"直接提高技能的书和提高底层思维的书，该怎么选？"

笼统地说，这里的标准答案是"小孩子才做选择，而成年人全都要。"显然，这不是你们要的答案，那么究竟应该怎么选择呢？

首先我们要思考，为什么要读书？

读书，在这个语境下其实显得有些表意不准确，更准确地说是，希望通过读书的方法学习和成长。关于个人成长这个话题，不妨用投资的角度，看看如何操作才能让效率更高。其实每个人在自己身上都是投资人，虽说你可能兜比脸都干净，但这并不影响你投资自己的"本钱"——时间，你把时间花在哪里，哪里就会出现投资收益。

那么，应该投资在具体技能提升，还是投资在底层思维呢？

这些并不是矛盾的，很多时候我们会有这样的选择，是因为我们的思维习惯是二元对立的。这个思想方式往往是"非此即彼"——黑白、善恶、是非。这个方式简单，但处理真实世界的复杂逻辑，显然决策的丰富度不够。这里可以用一个最基本的思维升级方式，把二分法升级为 4 个象限。我们常用的紧急重要事情的分类，就是一个典型的四象限思考方式。

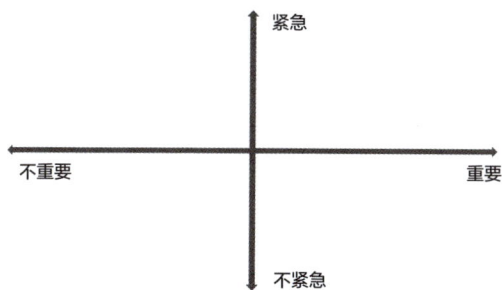

那么，我们怎么看待读书这个问题呢？

从投资的逻辑上讲，我们可以考虑两个维度。第一个维度，投资的收益率的高与低，这点可以按照一个知识对工作带来的价值来评估，简单来讲看一本《数据分析入门》花费 10 小时，收益一定比花同样时间刷抖音收益价值高；第二个维度，投资回报周期。举一个极端的例子，明天考试今天通宵复习，这就是一个最短的投资回报周期，而十年寒窗一朝金榜，就是一个长投资回报周期。我们就可以在这两个维度的 4 个象限中思考我们的投资手段应该如何分布。

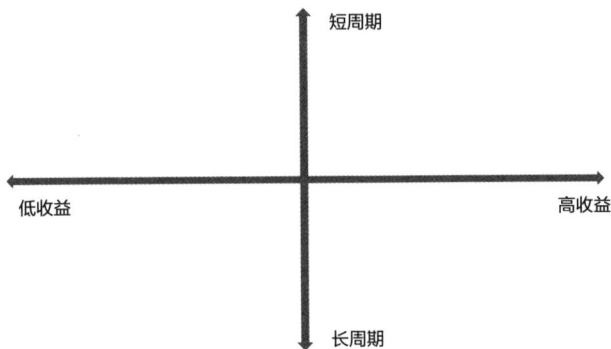

显然，提高技能的书和提高底层思维的书都属于高收益价值，但二者回报周期不同，提高技能可以带来短期回报，而提高底层思维可以带来长期回报。所以，从投资的角度上讲，两者并不矛盾，而且最好的方式是建立自己的"投资组合"，也就是这两种书都要看。

那么，这个投资组合应该如何设计呢？其核心在于每个人对知识变现速度的需求。如果你现在继续利用知识变现，例如公司要求你尽快设计一个自增长体系，一个月内上线，这就是对知识变现有明确的短周期要求。在这个背景下，你就不太可能通过长周期回报的投资方式获取知识资源。毕竟从拿到任务就开始从底层学习传播学、营销管理学、社会心理动因学，估计还没有完成知识储备，就已经出现认知"熔断"了——被开除。所以更适合的是，直接用短周期知识解决问题，例如读《增长黑客》《首席增长官》之类的书，先解燃眉之急。

而如果对于知识变现的周期并没有那么紧迫，就应该尽量投资在长周期回报上。因为短周期回报类的知识，往往知识本身的半衰期也会比较短暂。IT 领域的知识半衰期已经在 1.8 年左右，学习太多的短周期回报知识带来的结果，就是一直需要"临时抱佛脚"地学习知识，以求适应环境。而长周期知识变现速率慢，但知识半衰期也长，例如心理学、经济学这些知识的半衰期都是以 30 年记的，而在这个缓慢变现周期中，会持续给你带来价值，而且时间还可以在这个过程中发挥真正的复利效应，在很多底层建构之后，就可以在很多行业思维中一通百通。

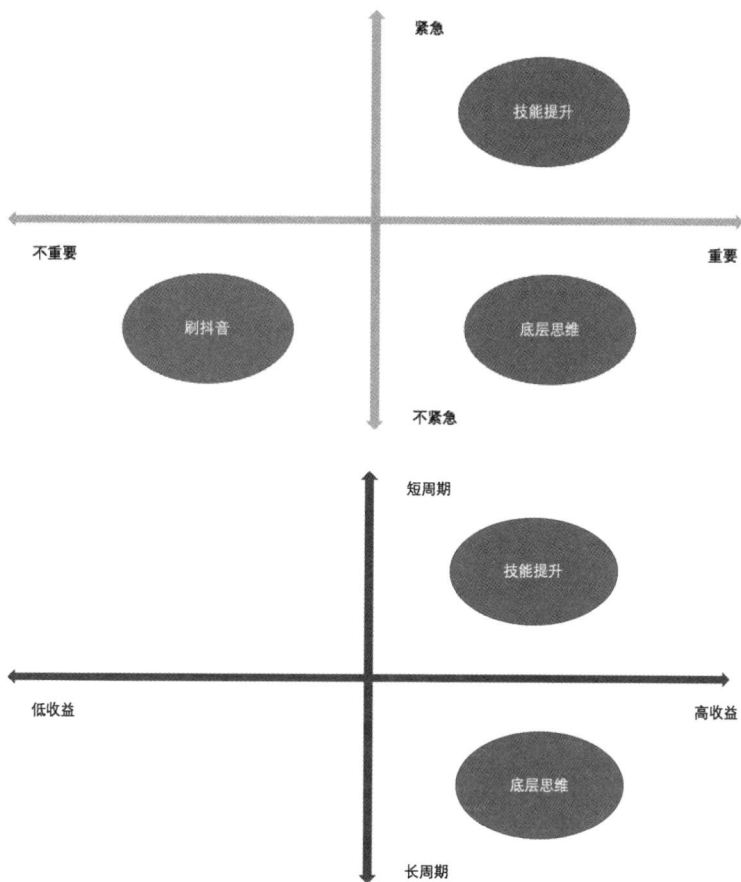

但这个过程往往是一个反人性的过程，由于长回报周期构成了一个延迟满足的状态，而且由于没有短期压力，就显得更加困难。更何况还有大量短期不带来收益，但带来大量享受的产品，争夺你的注意力和时间，如抖音。但一个人的最终成长效果，就是如何战胜天性，做正确事情的一个过程。这个四象限和紧急重要四象限最终也达成了统一。紧急且重要，就是投资收益短且收益高的事情，我们往往不会有太大问题就可以完成。需要注意，高价值慢回报是重要但不紧急的事情，很容易拖延。而很多低价值短周期的事情反而构成了紧急不重要，消耗了我们太多的时间。而真正决定一个人高度的因素，就在于对重要不紧急和紧急不重要的选择上。

6.2 如何搭建知识体系

知识固然很重要，但知识的学习并不是为了成为"掉书袋"，关键在于学以致用。如何最快捷、高效地使用知识和知识本身同等重要，这就是搭建知识体系的意义。

很多人问我，"知识体系如何搭建？"这是一个很好的问题。作为产品经理，知识体系的价值非常高，因为产品经理的岗位需要综合能力，通过知识体系，可以对问题有更丰富的视角，能够获得更多的解决策略以及更准确的分析结果。

对于职场人，产品经理这个岗位如果想长期发展，知识体系的有意识搭建是必不可少的。并不是人人都是产品经理，正确的表达是人人都有可能成为产品经理，因为目前的高等教育并没有任何一所学校或专业专门培养产品经理，所以对所有人来说都是机会均等的，都需要重新学习补足短板才能真正胜任。

而从更深的层次来分析，中国的大众教育体系是普鲁士教育体系，在这个体系下，通过学科的划分，让每个人成为某个领域的"专才"。这个模式的最大优势就在于，可以批量化培养大量人才，让一个国家在最短时间内进入工业化。但问题在于，这个方式的高效背后也割裂了各个学科之间的联系，在思考问题上会陷入自身的知识结构中，出现管窥思维。例如，一位有技术背景的产品经理，在考虑需求的时候，如果只考虑"是否能做""用什么方法做""开发成本是多少"，难免会疏忽市场的需求；同样，一个市场方向的产品经理，如果不了解最新的技术走向，也有可能将自己的解决思路局限在自己的认知范畴内。所以，产品经理本身就是一个需要综合考虑全局的岗位，知识体系的搭建对于"内功"的提升有着非常大的帮助。

那么，什么是体系。体系，泛指一定范围内或同类的事物按照一定的秩序和内部联系组合而成的整体，是不同系统组成的系统。体系高于系统，而且体系的关键点在于联系、组合。搭建知识体系的关键点，并不在于知识的多与少，而在于关联。知识体系不只是知识容量的多寡，更重要的是遇到问题之后，是否能够"随时取用"知识进行解决，这才是最重要的"学以致用"的逻辑，在这个"随时取用"之后，才有融会贯通。

例如看到了用户增长这个命题，可以联系到什么样的知识体系呢？

（1）可以在"案例库"中找到增长的"案例"，如拼多多、瑞幸、淘宝的盖楼、AI 测面相。

（2）可以在"原理库"中寻找增长的用户侧原理，用户为什么会主动分享，利益刺激是一方面，炫耀可能是一方面，觉得是好东西，作为社交货币是一方面。

◆ 深一层，利益刺激、什么样的分享、会对什么人、觉得值得做，看一些相关的书——《消费者行为学》《影响力》《引爆点》。

◆ 作为社交货币，什么样的内容会造成用户觉得是一个社交货币，值得分享，看一下相关的书——《认知盈余》。

（3）可以在人类行为上，思考作为社群动物的人类到底为什么会出现分享行为，是否有线下行为的映射。肯定有，人们愿意道听途说，愿意分享传播。看一些相关的书——《裸猿》《人类动物园》。

（4）可以从技术层面研究增长的逻辑、方法和最新技术。看一些相关的书——《增长黑客》《首席增长官》《流量池》。

（5）可以思考增长和营销的差异与联系，以及如何通过营销学已经积累的大量知识进行增长的转化提升。看一些相关的书——《营销管理》《现代广告学》。

（6）增长模型中病毒传播理论和现实的病毒传播的特点相似，都需要有"超级传播者"，都需要高传播性。那么，如何找到"超级传播者"，如何用机制或内容提高传播性就是一个问题。

所以，随便联系一下，就可以用很多的维度和视角来看这个问题，而且，每个视角都可以继续向深层次展开。这样就可以用一个更丰富的思维系统来解决问题。即使知识的丰富度和深度都没有这么好，但有这样的意识也可以有比单项思维更丰富的视角，并且可以有意识地让自己在更多维度发现不足，进行学习和补充。

对于产品经理而言，重要的知识方向在于以下三点。

◆ 底层：经济学、心理学、组织行为学、人类学。

◆ 技术层面：具体的技能提升以及最新案例的积累。

◆ 可以和产品进行对标的扩展思维：历史、生物学、物理学。

6.3　产品经理应该如何提高认知

"认知"这个词很火爆，那究竟什么是认知，如何提高认知呢？

最近一段时间，"认知"这个概念很火爆。

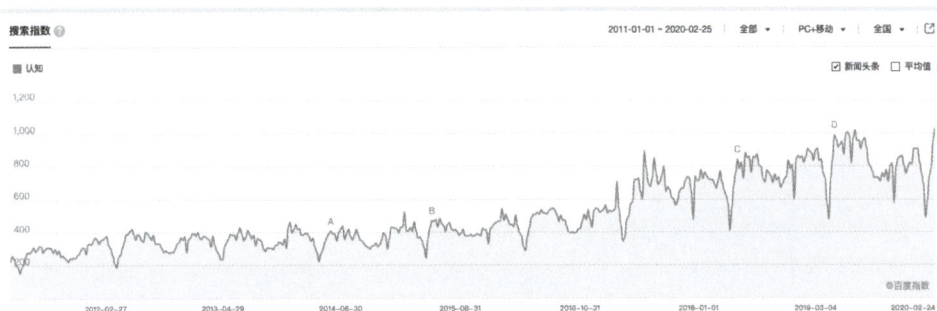

2019 年有一段很经典的话。

你永远都赚不到超出你认知范围的钱。

你所赚的每一分钱都是你对这个世界认知的变现。

你所亏的每一分钱都是因为对这个世界认知有缺陷。

我深以为然，那么究竟什么是认知，又该如何提高认知呢？

首先说一下认知的定义，认知是指人们获得知识或应用知识的过程，或信息加工的过程，这是人的最基本的心理过程。它包括感觉、知觉、记忆、思维、想象和语言等。人脑接受外界输入的信息，经过头脑的加工处理，转换成内在的心理活动，进而支配人的行为，这个过程就是信息加工的过程，也就是认知过程。人的认知能力与人的认识过程是密切相关的，可以说认知是人的认识过程的一种产物。

简单来讲，认知就是一个人看到一个事物之后，能够理解到哪一个层面。

在知识的理解上，有一个被称为"知识的诅咒"的原理，其指的是，如果我们不具备现在所知道的知识，我们就根本说不清这个知识到底是什么。

所以，阻碍我们成长的最大障碍，并不是努力的程度，而是认知的高度。如果不了解"需要学习和提高什么"，只是一味地在低层次"练习"，是成长效率很低的方式，就像是挖一辈子煤也不可能成为煤老板。做产品经理，即使用很长时间练习，成为"全世界写 PRD 最快的产品经理"，也一定会遭受"35 岁后是否会被辞退"的灵魂拷问。

产品经理应该提高哪方面的认知，这就要从产品经理的技能要求看起。产品经理的职业提高，很像游戏中的打怪升级，大致分为这几个档次。

入行初期，基本上是产品专员，即使被叫作产品经理，也只是外在包装，核心还是要看真正做的事情是什么。

在产品专员这个层次，主要的工作内容是撰写文档、项目推进、数据分析。

我一般把这个阶段叫作动作层，这一层的人只需要对一个具体动作负责，通过不断重复练习来使动作完成得更好，效率更高，但不必为任务的结果负责。可以说，这个阶段的关键点在于，成为领导手、脑、眼的延伸，打杂、处理文案是这个阶段的重点。但成长点就在于能够从这些琐碎工作中打好基本功，以及能够从中领悟出很多产品工作的要点，例如你可以看到领导施行一个方案后有什么样的效果，再慢慢分析这样的方式的内在原理是什么，久而久之就有了操作产品的"手感"。

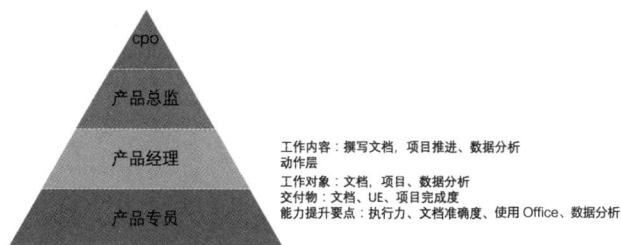

第二阶段是产品经理的层次，这个层次的核心在于能够独立完成一个模块或者一个产品的目

标，也就是所谓的任务层。公司的一个任务完整地分配下来，可以独当一面地完成。在这个层次中，主要的工作对象就成了产品和用户，也就是要为产品的结果负责，因此，提升能力的要点就成了需求分析、市场分析、产品运营和增长，同时，沟通表达和协调能力也需要大幅增长。

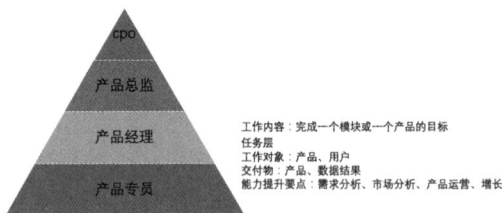

工作内容：完成一个模块或一个产品的目标
任务层
工作对象：产品、用户
交付物：产品、数据结果
能力提升要点：需求分析、市场分析、产品运营、增长

到产品总监层面，其核心就是对部门的管理，也就是出现对人和对事情的差异，能力的提升要点在于市场分析、竞争分析、部门管理。

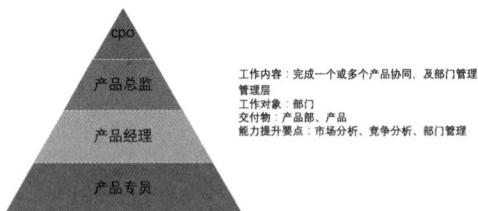

工作内容：完成一个或多个产品协同，及部门管理
管理层
工作对象：部门
交付物：产品部、产品
能力提升要点：市场分析、竞争分析、部门管理

这里有一个认知问题，在于你所处的层面很多时候并不知道上一个层面的认知要求是什么，在本层面"努力"并没有通往上一个层面的通路。因为认知的提高并不是一种线性关系，而是一种类似量子力学中的量子"跃迁"关系，只有储备了足够的能量，才可能实现。

再说说对产品经理底层认知的要求。

俞军大神前一阵子推荐了给产品经理阅读的十本书，从这里可以看出一些产品经理认知的端倪。

心理学 2 本：

社会心理学（插图第7版）
★★★★☆ 8.7
[美]埃利奥特·阿伦森/世界图书出版公司/2012-9

评语：俞军：特别好，适合成为产品经理的第一本书。

认知心理学及其启示
★★★★★ 9.1
约翰·R·安德森/人民邮电出版社/2012-1-1

评语：俞军：人类认知和思维的基本机制。

思维能力 4 本：

思维与决策（第四版）
★★★★☆ 8.2
Jonathan Baron/轻工业出版社/2009

评语：俞军：系统介绍思维与决策领域的研究。

思考，快与慢
★★★★☆ 8.2
[美] 丹尼尔·卡尼曼/中信出版社/2012-7

评语：俞军：人如何有缺陷地思考。

超越智商
★★★★☆ 8.2
【美】基思 E. 斯坦诺维奇（Keith E. Stanovich）/机械工业出版社/2015-9-15

评语：俞军：如何克服缺陷做理性决策。

学会提问
★★★★☆ 8.3
尼尔·布朗（Neil Browne）/机械工业出版社/2012-12

评语：俞军：学习辨别信息和言论的真假对错。

经济学 4 本：

第一本经济学
★★★★☆ 8.9
罗伯特·墨菲/海南出版社/2018-4

评语：俞军：经济学帮助人们洞察世事。

"错误"的行为
★★★★☆ 8.4
理查德·泰勒/中信出版集团股份有限公司/2016-1

评语：俞军：行为经济学离PM最近，但尚无好教材，先用这一本占坑。

经济学原理
★★★★★ 9.4
[美] N.格里高利·曼昆/北京大学出版社/2009-4-1

评语：俞军：最通用的经济学教材。

新制度经济学-一个交易费用分析范式
评价人数不足
[美] 埃里克·弗鲁博顿/上海人民出版社/2012-12

评语：俞军：学习交易费用思考商业模式。

在这十本书中，没有一本是谈论"如何进行数据分析""30 天从入门到精通"的书籍。产品经理核心解决的问题就是人是什么、人需要什么、人在组织中如何行动，以及"天下熙熙，皆为利来；天下攘攘，皆为利往。"的利益结构问题。

因此，心理学、社会学、经济学的原理，配合理性思维，才是产品经理真正的"道"与内功。很多人问过我，"35 岁之后怎么办？"其实 35 岁作为一个"槛"最大的问题在于过了这个年龄线之后，会有一套新的认知考核要求，在这之前可以靠勤奋弥补，但过了之后就失去了和毕业生的竞争力，毕竟"人老不以筋骨为强"，而且知识本身的半衰期也在不断缩短。

但心理学、社会学和经济学的更新周期极其缓慢，真正掌握之后，能力水平也会从"知道该怎么做"升级为"知道该做什么"，这就和年龄淘汰线无关了。

所以，在这个终生学习的时代，认知提升应该作为产品经理的学习重点目标持续迭代。

6.4 读书笔记应该怎么做

知道了认知的重要性，明白了知识结构搭建的意义，那么，就需要在结构中填充内容，而读书是其中最好的方式之一，但是如何解决"读了就忘"的问题，读书笔记是一个非常好的方式。

读了书，读完就忘记了，这似乎成了一种新常态，知识的消化吸收，最终能力内化，才是知识价值能够发挥的状态，而读书笔记是完成知识内化的一个非常好的工具。

首先说一下读书笔记的作用，读书对人的作用显而易见。在现在这个快速迭代的时代，尤其是选择了互联网这样更加快速发展变化的行业，我们都面临着知识"短半衰期"的难题。进入2000 年，IT 业的知识半衰期已经只有 1.8 年了，也就是你学到的知识经过不到 4 年的时间就会完全过时。在这样的一个不进则退的状态下，保持自己的知识新鲜度，成为终生持续学习者是非常必要的，而读书是一个反碎片化信息获取的好方式。现在太多的碎片化知识获取方式，从用户路径上讲是短的，而且其中的信息往往写得更加浅显易懂，但这样的信息获取方式往往容易让人脑的信息接收机制更加趋于对浅表内容的接受，而对深度信息缺少有效处理能力。因此，读书作为一个系统性的学习过程就显得尤为重要了。

我们从小学开始学的一个学习方式就是做笔记，读书只是方法与手段，而真正的目标在于知识内化。很多人抱怨书读了之后记不住，确实，对于我们的短期记忆来讲，如果没有经过刻意练习，一本书的知识容量是无法充分吸收的。所以要用笔记的方式将书"读薄"，并且通过高浓度的笔记，不断做记忆唤醒，这是一个比较行之有效的读书学习方法。

读书笔记有如下几个要点。

1. 什么时候做读书笔记？读书时做还是读完之后做？

显然，读书笔记要在读书过程中完成，读完再做那个叫作读后感。从字面上说，读后感是一种"感性抒发"，并不是我们学习的目的。读书的过程中遇到每个知识点都做笔记，是把知识进行总结、提炼、内化的过程，并且读后记录，从记忆的角度来讲，一定会出现大量遗漏，所以，读书笔记一定是在读书过程中进行记录的。

2. 读书笔记记录什么？每节的标题、内容、案例？

这并没有什么必然的要求，核心在于和自己的知识系统结合，并把学习到的核心知识点进行记忆。我的习惯是，通过脑图记录每节的框架，框架中的核心模型、知识，对于一些特别有代表性或者对自己有明确启发的案例会根据需要记录。

另外，我会做一些知识关联的笔记，例如我在前一阵子研究"马尔萨斯陷阱"问题的时候，发现马尔萨斯陷阱和时间偏好以及延迟满足有关联，所以在笔记中，我尤其把这些关联性做了标记。因为一个知识如果在脑中是孤立的节点，无论从记忆还是使用都会存在很大困难。如果可以和自己的知识系统建立有效关联，就可以方便提取和使用，并且一个新的知识模块的输入，也能对整体的知识架构进行完善、扩充。

此外，要记录在自己看到一些知识之后，和自己的知识产生关联与共振的心得，这是自己对知识的一种反馈，往往日后更容易应用到实际工作中。

3. 读书笔记用什么方式？

我在读书笔记上非常推崇脑图，因为脑图可以最直观地看到知识的层次架构，而且可以通过关联的方式建立连接。传统的文字方式，更多的是记录的价值，但是知识形成网络的价值和应用方便程度可以高一到两个层次。

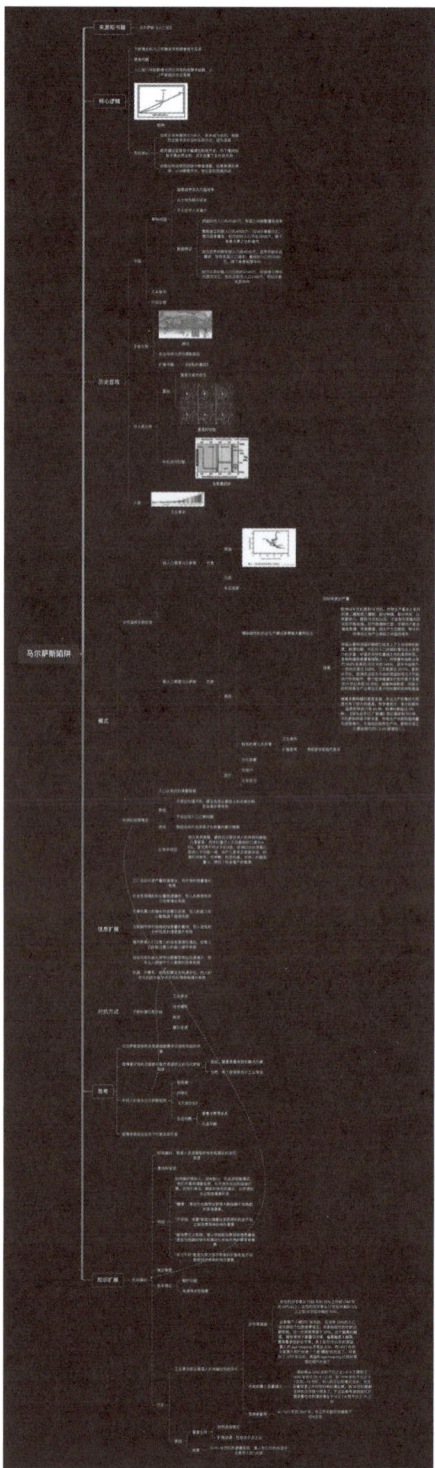

4. 读书笔记什么时候看？

我的习惯是需要用到这个模块的知识时去看，如我在 2018 年精读了《小群效应》和《流量池》两本书，在 2019 年有项目需要做裂变和社群相关研究的时候，第一反应就是看当时的读书笔记，从读书笔记中找到知识线索，有一些可以在笔记中解决，有一些知道在书中什么位置可以找到，通过实践得到新的认知之后，再次升级读书笔记。

笔记更多要做的是一个大脑和书籍知识库之间的索引结构，为的是把知识的线索而不是完整实体存储在大脑中，从而根本性地提高大脑的处理效能。核心的目标就在于，需要知识的时候可以找到解决方案。

"学而时习之""温故而知新"，这些传承了几千年的学习箴言在现在依然适用，也希望大家可以利用这些方法更高效地使用大脑和知识。

6.5 职场环境对产品经理的意义

产品经理在职场中，经常有 Diss（怼别人）与反 Diss 的 PK，应该"以和为贵"还是"以牙还牙"呢？

不久之前，我在一次在线直播公开课上骂了两次人。

第一次是开始上课 10 分钟，做铺垫和课程介绍，一个用电话号码作为 ID 的人说我在讲废话。我说如果你不懂尊重别人就请出去，这是公开课，不要影响别人。

第二次是开始上课 30 分钟，另一个用电话号码作为 ID 的人说，交了 9.9 元来学 Python，我的课讲的是产品经理的工作，并不讲 Python。用电话号码作为 ID 其实用意很明显了，所以开骂"竞争对手请自觉出去，做好自己的事情，在这里捣乱你们就能招到生了吗？"

开心的是，很多人劝我不要受影响。其实我确实没有受什么影响，但人一定要骂的，为什么？为的是一个环境。大家都知道破窗效应，在一个街区中放上一辆汽车，如果一直完好就会长期完好下去，但如果打破一扇窗，很快这辆汽车就会遭到更多的破坏和盗窃。我们在职场和社会关系中也需要遵循这样的原则，而且要有明确的界限。

在职场中，产品经理是一个需要有强信任的岗位，因为这个岗位需要让别人"相信"，而且是"预支"的相信，只有相信你的想法，相信你的策略，才能更加投入地工作。在这个过程中，挑战和质疑是很常见的。但我们所接受的教育一直强调忍让、以和为贵，这个在正常的职场和交往中是好的，但是如果在一些非正常的关系中，就会慢慢丧失自己的边界。长久丧失边界，失去的是在一个环境中的生存空间。

例如，在职场中，如果是大家基于业务的范畴讨论产品，就应该尽量开放地讨论，无论态度和言辞有多么激烈，甚至是吵架都没关系。但如果超出了业务的边界，对人不对事、涉及个人，如"你们产品经理就不要管这个事情"之类，反而一定要态度坚决、立场鲜明地怼回去。否则这个边界一旦开始被别人发现不是硬边界，而是软边界，就会一步一步地侵占过来，最后损失的是个人岗位在公司中的生态位。我们说"烹小鲜如治大国"，国家在类似问题上也是秉承这样态度的，在文化习惯、发展道路上都是可以平等协商的，但涉及国家主权、领土完整等原则问题时，是绝对不可触碰的逆鳞，这是一个国家在国际上的生态位。

但这个 Diss 需要注意的是，也要有边界。

（1）永远不要骂脏话，严肃、义正词严，不代表要把这个争执沦为市井无赖的泼皮吵架，即使对方说脏话，自己也一定不要口吐芬芳。

（2）表达的方式，不要带有情绪，要给出的是事实、立场、态度，如"我注意到这位同事从刚才就在影响别人，这种行为在这里是坚决不被允许的，如果你继续这样做，请你出去。"态度和情绪是不同的。

（3）在 Diss 之后，很多关系依然存在，我们不能因为一次 Diss，就一直把关系冰冷下去。社会心理学家做了一个实验，用了大量 AI 算法，模拟出长期以善待人和以恶待人之后，什么样的策略效率最高，最终胜出的算法很简单，初始以善待人，但如果被以恶相待了就对对方也以恶相待，如果对方变为以善相待，立刻换回以善相待的方式。我认为这种策略在职场和社会环境中同样适用。作为人的温柔和强大也许就是看过了最黑的暗，但依然会待人以光。

做产品也许就是这么一个很有意思的工作，除了解决对事情的各种问题，还需要在人世中应对形形色色的矛盾与冲突。但了解对方心理和需求，坚持自己的初心和立场，本来就是产品经理要去修炼的内功。有锋芒的善良，能看出一个人的成长。

6.6 升维思考与降维打击

从《三体》拿下雨果奖之后，这几年《三体》中的很多概念也在不断"出圈"，如"二向箔""思想钢印""面壁人"，而在这些概念中，恐怕被人们使用频率最高的是"降维打击"。那么，到底什么是"降维打击"呢？

在《三体》中，"降维打击"的意思是，高等文明对低等文明的一种打击方式，可以将四维生物打成三维的，或者把三维世界的东西打成二维的，没有逃离能力的生物必死无疑。通俗地讲，苍蝇生活在三维世界中，我们可以对付苍蝇的"二向箔"就是苍蝇拍，将苍蝇打成"苍蝇片"的过程就是一个将苍蝇二维化的过程，由于苍蝇没有二维化生存能力，所以死了。而《三体》中的降维打击的范围比较大，高等级的歌者文明将整个太阳系变成了二维的。

那么，在产品领域，如何进行降维打击呢？我认为，需要先将思考和认知升级到更高的维度，站在高维度的势能上，很多低维度的困惑就会迎刃而解。

例如，我在课上经常说的一个例子，做产品比较悲哀的一个状态，就是被用户发了"好人卡"——"我知道你们做了一个好产品，但对不起，我更喜欢别的产品"。而很多类似"渣男"的产品，粗鲁地对待用户体验的同时，还得到了很多用户。那么，如果你做产品，是想做"好人"，还是"渣男"呢？

这里就有一个维度陷阱。我们所受的教育和我们的习惯，让我们的思维往往停留在一维线性世界中，就是用非黑即白、非好即坏的方式看待世界，这种方式固然简单，但因为太过简单而损失了太多的信息和判断逻辑。

在这个例子中，我们可以把思维升级成二维的思维，"渣男"和"好人"的差别到底是什么，是否能找到两个维度进行思考，"渣男"的恋爱能力强，但恋爱道德低；而"好人"的恋爱能力差，但恋爱道德高。所以，"渣男"和"好人"确实是站在了对立面上，但只要突破一维二元化思维，就可以在这个二维结构的 4 个空间中发现更多的可能性。

恋爱能力

渣

恋爱道德

好人

　　何必非要"比烂"地在"渣男"和"好人"之间困顿选择，为什么不能走一条"既恋爱能力强，又恋爱道德高"的情圣路线呢？而且也能认清有的"好人"未必是好人，恋爱能力差的人中也有恋爱道德低的，那可能就是流氓了。

恋爱能力

渣　　　　　情圣

恋爱道德

流氓　　　　好人

　　二维分析法有很多著名的框架，大名鼎鼎的波士顿矩阵、紧急重要四象限都是这个体系的一员。将思维升级一维，立刻可以看到不一样的世界。

		相对市场占有率	
		高	低
销售增长	高	● 需要继续投入资源，以稳固市场份额	● 市场尚未打开 ● 发展潜力较大 ● 需要加大投入获取市场或出售
	低	● 资源投入较少 ● 企业的主要经济来源	● 衰退类业务 ● 撤退战略 ● 可将此类业务单元合并，并统一管理

　　还可以继续升维，如在三维上思考业务拓展的路径。我最近在研究一个老年人健康的项目，起点是老年人防治阿尔茨海默症。这是这个项目的原点，也可以说是"初心"，但在做业务规划的时候，就需要"站在未来看现在"，将这样的项目最大限度地拓展，能拓展到什么样的地步就拓展到什么地步。

● **原点：阿尔茨海默症老年患者治疗**

可以在用户、核心服务、增值服务这 3 个轴线上进行分别的拓展思考。

在用户角度，可以从阿尔茨海默症患者，不断向预防者、家人、潜在高危人群、中年人群拓展。

　　在核心服务角度，可以从治疗扩展到诊断，再到前期预防。

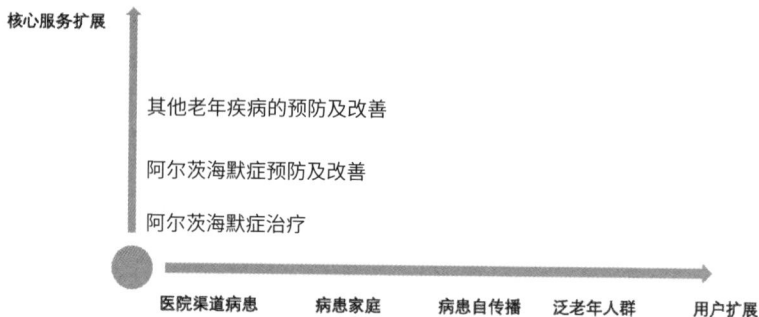

　　而增值服务可以从原本的医疗服务扩展到保健服务、体检服务，再到基于老年人的生活周边服务。

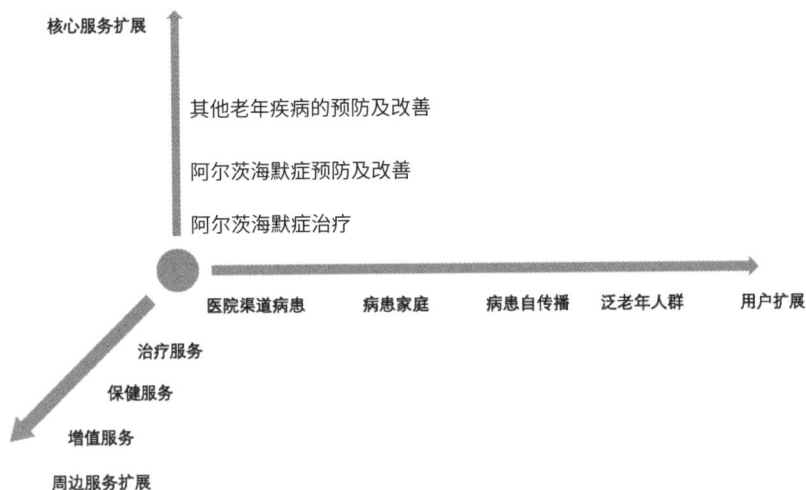

在这 3 个轴线上扩展之后，就会发现很多可能的模块级别的业务机会，如扩展到泛中老年人群的生活周边服务时，就可以依托已经具备的信任关系、用户数据，进行商品、旅游、O2O 服务的拓展，又可以和中国老龄化进程相匹配。

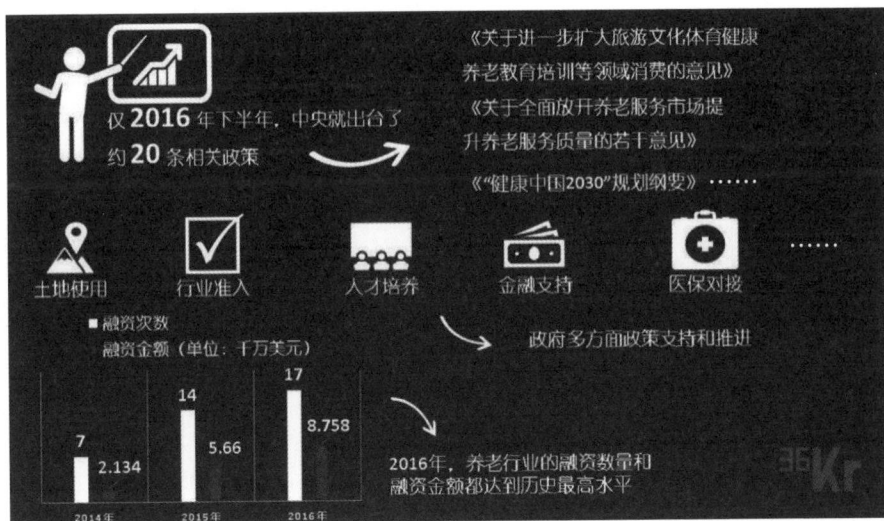

升维的思考不止聚焦于一点，也不能在一条线上做是或否的二元辩论，而是更多地展开成为面，最终形成体。思维的维度越高，决策的视角丰富度也越高，也越不容易陷入"站队"的立场争执，这样才能更加有效地进行产品思考和决策。

6.7 被拒绝的勇气

很多人问我"我是一个内向的人，能不能做好产品？"其实内向的人拥有更多思考的力量，但性格只是一个属性，沟通能力和沟通态度是产品经理必须具备的技能。

不可否认"社交恐惧症"确实存在。在产品经理岗位的实际工作中，需要大量与人打交道。需求的收集，不能凭空想象，而要通过用户调研得到；头脑风暴，一个人的想法抵不过一群人的脑洞。更重要的是，在项目的立项、推进中，沟通是绝不可少的。

就像我们拆解过的很多问题一样，我们也要拆解"社交恐惧"，找到恐惧的根本原因。

"社交恐惧"学名为"社交焦虑障碍"，是目前世界第三大心理健康问题（前两位分别是酗酒和抑郁），终身患病率高达 13%。

有"社交恐惧"的人往往会相信别人在社交场合上对他们的要求很严格，对表现报以极高的期望。另外，他们会认为别人的积极评价很重要，如果不能获得别人的积极评价，会带来消极，甚至灾难性的后果。例如"如果别人认为他的讲演无趣，可能会让他认为自己整个人都不行，大家不喜欢我了"之类。确实，根据一份调研，很多人害怕讲演甚至胜过害怕死亡。

这样的心理状态，其实不只是对于产品经理的职业生涯有很大伤害，而且，对于一个人在生活中也并不舒适。毕竟能够轻松地即席讲演、能够和陌生人谈笑风生、能够更好地接受别人的帮助，都是生活中很美好的事情。

如何解决这样的"焦虑"和"障碍"呢？一定要拥有被拒绝的勇气。人们在太多的时候，会把自己的内心包裹在一个"舒适域"中，而且越到成年，这个"舒适域"就会保护得越好，就像有一个段子说的"我小时候挑食，觉得大人不挑食，长大后我发现，大人只会买自己喜欢吃的东西"。我们在学校的时候，会"被迫"回答问题并与人交流，但到了社会，有了太多的空间和方式，能让我们逃避到安全又舒适的"壳"中。

所以，首先要走出这个"壳"。怎么走出来，需要改变观念。我们说"最怕空气突然安静"，这就是社交恐惧的一大表征——"尴尬"和"拒绝"。一段发言突然没有了下文，进入了沉寂，成了"话题终结者"，这是很多人很害怕的一点。但是，细细想来，又怎样呢？最差的情况，无外乎是没人理，但如果不说话，做一个"小透明"，不一样是没人理吗？"被拒绝"和"不提出"在结果的本质上是相同的，但"提出"尚且有"不被拒绝"的可能性，但"不提出"一切都没有。从这个角度上可以看出，"提出"是一个无本有利的事情，又有什么可害怕的呢？

其次，"被拒绝"是否真是最坏的结果呢？几天前，有人问我一件事情，他找工作，得到了两个 Offer（录取通知），一个已经确定了，另外一个由于一些问题对方迟迟没有答复，所以还在考虑。他希望尽快上班，但觉得没有给答复的是他的首选，很纠结，问我该如何取舍。我说："这个很简单，直接问那个公司，如果答复'不行'也无所谓，因为这样和你不问的结果是一样的。"他去问了，对方的答复是否定的。他没有得到最理想的工作，但反而释然了，觉得一块石头终于落地了。其实"被拒绝"并不是最坏的结果，心里总有一个放不下的东西才最难受。"确定性"是我们在产品中要尽量争取的，其实人生的"确定性"也应该去争取，不要在一件事情上虚耗时间。想清楚这个利弊，就更加没有必要怕被拒绝了。

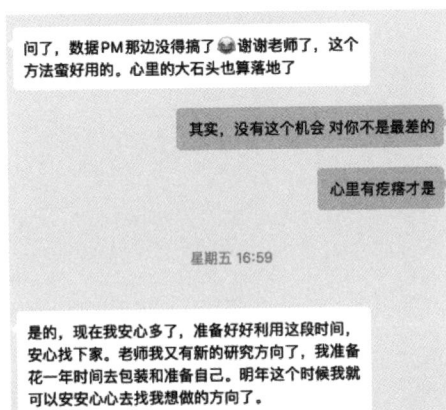

第三，现在的社会关系发生了变化。人类的心智进化速度是远远比不上社会和科技进化速度的，这个问题会造成很多障碍。人类的社交障碍，我认为在某种意义上，也是发源于几百万年前人类还在山顶洞的时刻，在那个时刻，人类的社群关系是一个长期强关系，如果一个人被社群排挤，轻则没有子嗣，重则个体死亡，总之 DNA 的存续会中断，这样的一个逻辑也植根于人类的心智底层。所以，我们会如此在意别人的看法，如此担心在一个群体中的社交反馈。但现在的社会关系已经发生了翻天覆地的变化，我们生活的环境已经不是宗族社会，也不再有终生职业，社会人际关系已经更多的是一种短中期弱关系，而且独立个体在社会上的生存能力已经空前提高。在这样的社会关系基础上，我们其实已经不再需要特别在意别人对我们的某一次评价，因为这种评价都会迅速稀释在群体之中，对我们的长期影响微乎其微。

最后，排除"主角光环"心态。人类的婴儿期是完全自我中心化的，这个过程的初期是自己和世界不分，认为自己就是世界，慢慢地开始有了自我意识和边界意识，但还是会认为自己是世界的主角。很多影视剧也会潜移默化地强化这样的心态，会让人觉得"自己才是主角"，有了这个包袱之后，就会很难放下自己的身段，因为此时你已经把自己放在了一个过高的位置。但一个人成熟的标志之一，就是开始发现世界并没有什么主角和配角之分，每个人都是独立个体，"我不出众，但是平等"才是一种更为健康、持久的心态。在这种心态下，所有的表达都是自身的对外输出，而所有的反馈，无所谓积极、消极，都是对这个输出的一种状态而已。而且基于产品的思维方式，还应该认为如果得到了负反馈，更能成为一次自我迭代的机会，岂不快哉。

"被别人拒绝"是一个状态，别人的态度并不能代表你的人生，而不怕被拒绝是一种勇气，拥有了这种勇气，就更容易获得资源与机会，上台演讲展示自己，或者找行业大佬问问题，万一对方愿意回答甚至提携，不都是无本万利的事情吗？所以，所有的问题并不出自世界，而是根源于自己本心。

当你看待世界的方式改变了，你的世界也会随之改变。

6.8 自信心与职场环境

产品经理成长的一个悖论就是要弱化自我价值感、增强自信心，因为工作的不确定性，更需要强大的自信心作为支撑。

自信，对于产品经理而言是非常重要的。产品经理要用自己的逻辑理性推演提高可能性，但即使最丰富的数据、最全面的思考，在绝大多数情况下，也无法达到 100% 的可靠性，这也是前文中讨论的"确定性"的问题。那么，在这个不确定边界的环境中，带领大家完成"信仰之跃"要依靠什么，很大程度要依靠信念，要所有人相信这件事情能做成。阿里巴巴有一种文化——"因为相信，所以看见"，我觉得很有意义，真正做前瞻性的、面向未来的事情，才有巨大价值，但同时，其背后也蕴含着巨大的风险和难度，带着信念完成跨越是必需的。

而这个信念的原点，应该是源自产品经理自身的，因为产品经理是一个产品调整的起始点。人是所有问题的起源，人也是所有问题的答案，带着强烈信念和相信这个能成功，都更大概率最终"求仁得仁"地达到"心想事成"的结果。而且从一个很现实的角度上讲，在职场上产品经理有强大的自信心，也是给自己一个良好职业环境的开始。

如何提高自信心，我认为可以考虑以下几点。

第一，要意识到自信的意义，并有意识地去提高它。产品经理有很多硬技能，如需求分析、数据分析等，同时也有很多软实力，如沟通、协调、思考等。但在所有的软实力中，自信心是对整体加权作用最大的，自信心强的人，对别人的影响力会明显变强，于是在项目宣讲、沟通推动等几个关键工作中，都会有明确的加强，通过这样自信的力量把能量传递给更多人，让更多的人达成共识，形成共振，也能真真切切地提高项目的成功概率。

第二，要从底层，循序渐进地建立自己的自信。太多的时候，我们容易看到一些带着光环的"大佬"，他们已经站在成功的山巅。面对他们，我们除了感慨，更多的是映衬出自己的渺小。越是单纯地这样向上看，越容易让自己不自信，因为会觉得差距太大，大到看不到能够赶超的路径。而长期保持这样的状态，带给自己的潜意识就是"我太弱了，离大佬们太远了，我只有到达他们的高度，才能有自信吧。"这个思维逻辑是很可怕的，可怕之处就在于，把自信的结果当作了自信的前提，最后陷入了一个死循环之中。

但每个成功的人，也都是从婴儿一步步走来的，要相信"日拱一卒无有尽，功不唐捐终入海"。

不要用结果和自己的起始点做比较，再用这个比较的差距当作自己"不自信"的理由。研究成功的前辈和研究成功的企业一样，都要看他们是从哪条路一步步走来的，最好能找到没有被太多美化包装的版本，你会发现"九败一胜"是常态，"剩者为王"是坚持，但也脱离不了运气。有了这些认知之后，才能为自己的自信踏实地储备力量。

另外，就是要意识到，这个世界并不止 0 和 1 两级，而是一个"无级"的复杂结构，0~1 可以拆分无数个分形状态。并不是 Loser（败者）或 Winner（胜者）的选择，而是大家都在发展中。所以，不断寻找小的成功，不断给自己"努力就会有回报"的信念，积小胜为大胜，是获得自信的一个关键要素。不要迷恋所谓"失败是成功之母"这样的论断，失败唯一的价值就是通过复盘找到成功要素继而总结，而成功除了成功的业绩本身，还能不断提供信心，更多的人是从胜利走向胜利的正向循环，而另一些人在失败中深受打击，一蹶不振。把目标拆解成一个个"跳起脚就能赢的事情"，进入"努力→成功→总结"的正向激励循环，就是往自己的自信账户中不断存款的过程。

第三，给自己更多的主动心理暗示。人们总会有一个有害的信念——"这个我做不到"，要从点点滴滴改变这样的信念，扭转成"我能行"的心境。在这里，很多细节都能帮助你提高自信，甚至微信的头像、昵称都能潜移默化地影响一个人的精神气质。为了所谓的个性，把头像弄成一种颓废、迷茫的图片，在上学的时候似乎是一种非常酷的行为，但在更长的人生中，选择一个向上的、自信的、热情的、有能量的头像和昵称，是对自己的一种暗示，潜移默化中给别人的感觉都有改变，长期下来对自己的气质也会有所改变。

自信是一种正向循环的复利系统，持续提高自信，能提高做事情的成功率，而越是成功，积小胜为大胜，就越能提高自信。所以，尽快拆解目标，尽快建立信心吧。

6.9 无我（上）

你是否有这样的经历，要研究甚至负责自己不喜欢的产品开发，你会怎样做呢？

自己非常不喜欢抖音、快手，用什么样的方式来研究短视频产品呢？

不知道你有没有这样的经历，自己不喜欢一种产品，但要使用、研究、分析某种产品的状态，这种心态和状态的调和究竟需要什么样的方式呢？你固然可以用"忍一忍就过去了"的思维去暂时迁就，也可以用"爱一行干一行"的方式进行主动选择，但作为职业产品经理，需要思考一个问题——吃货和美食家的差别是什么？

我认为，吃货可以选择只吃自己喜欢的，而规避自己不吃的东西，但美食家几乎来者不拒地吃所有的食物，用更多的精力提高自己的辨识度，而且在这个过程中，反而要克制有些自己喜爱吃的，如辛辣，要去保护自己的味蕾，这个差别就是职业与业余的差别。我们经常看着一些习武的爱好者妄言挑战世界冠军，这里最简单的一个层次差异就是不要用自己的爱好挑战别人的职业。而用到我们自身，就是真正的职业产品经理需要具备的特质是什么？

我认为，这里有一个非常重要的心性——"无我"。

"无我"是一个佛学概念，在这里我不想太多地讨论它的原始意味，更多关注的是在原始含义上衍生出来的思考。人类在婴儿时期是没有我和世界的分别意识的，认为自己就是宇宙，而所有的哭闹都是因为世界没有按照自己的想法发生变化而产生的对抗，无论是饥饿、疼痛、妈妈没有来陪都是一样的。我们的成长过程也是一个不断把自己和世界分离，继而把自己从意识中的中心，向着无中心的方向修炼的过程。而对于产品经理来说，最容易犯的错误就是"按照自己的想法，按照自己的好恶"来思考产品。

"我不要你觉得，我要我觉得"，大家都会觉得这样的话语霸道且"油腻"，但真正在产品的思考上，其实又会陷入这样的怪圈之中——我觉得、我认为、我喜欢、我就是这样做的，当这些成为我们证明观点的依据时，其实只是自我意识在呐喊，而不是在为用户思考。产品经理应该成为用户的代言人、服务员，而不是用户的造物主。产品是为用户的需求服务的，只有产品的功能符合了用户的需求，用户才有可能花钱、花时间在产品上，所以，用户才是实质上产品经理的衣食父母。要坚信这一点，唯有不断坚持这样的思考，将自己的好恶、意识收紧，才能倾听到用户的呼声。乔布斯的名言："Stay hungry，Stay foolish（求知若饥，虚心若愚）"，也在表明这样的空杯心态。

如何做到这样的"无我"，这里要引入另一个概念——觉察。在系统的技术设计中，往往要有一个专门的进程设计，作为系统的守护进程，意思就是不断地监控系统运行的状态和稳定度。这个技术的设计思维也可以运用到我们自身上，我们的意识控制着我们的思想、行为、语言、肢体动作，但是这些思想、语言是否合适，是否正确，是否可以有提高的空间，除了后续的复盘，还需要实时监控，这就是所谓的觉察。"谨言慎行""知止慎独"，说的都是人要时刻觉察自身的状态，在语言、动作、行为之前，要有意识地再次思考一下，这样的行为举止是否正确，是否会带来其他问题，是否会让别人产生误解。

我们说一个人的情商很高，很会说话，有两种可能性，一是这个人天生情商高，情商的本质就是，自我情绪感知能力强、他人情绪感知能力强、自我情绪管理能力强、他人情绪控制能力强。有些人确实先天心绪敏感。但还有另外一种可能性，就是这个人用高智商模拟出高情商，别人的一句话说出来，做理性分析，这个人说这句话的目的、背景、心理状态是什么，我的目的是什么，是达成合作，还是致对方于难堪，现在的条件背景是什么，对方的压力点在于哪里，都是可以通过觉察来掌控自己的反馈，而不是直接通过情绪不经大脑直接脱口而出的。这两种可能性，在《思考快与慢》一书中的表述就是，一部分人的系统决策能力很强，另一部分人系统分析能力很强。

回到"无我"的话题，觉察的核心在于我们在思考产品的时候，尤其是以一个产品经理的身份思考产品的时候，我们就要把觉察心放出来，让它监视我们当时的心态、状态、思维，是否是在一个理性、中立、客观的角度上，职业化地进行分析；或者将自己投射到目标用户的场景中，带入用户的状态来体验产品。时时刻刻监督自己，如果太强的自我出来了，就要把它抑制下去。"老戏骨"和"小鲜肉"的差别就在于，"小鲜肉"很多时候都是演自己，而不是在演角色，所以某种意义上讲，他们的职业是偶像，而不是演员。

产品经理也是一样，走实力派还是走工具人派（抱歉，产品经理没有偶像派这个选项），一个重要的路径就是自我修炼。产品经理的天堂和地狱与某些鸡汤文中描述的完全一致，都是用长勺子喝汤，但地狱中的产品经理永远都是想先喂到自己嘴里，但如果能忘记自己，服务好用户，你的世界便是天堂。

6.10 无我（中）

"无我"的第二部分含义在于"无执"。执着也是一个佛学用语，指对某一事物坚持不懈，泛指固执或拘泥，亦指对某种事物穷追不舍。执着本身是一个中性词，并没有好坏之分，但是如果执着的目标本身并不是正确的，那就难免南辕北辙了。

如果你做了一款产品，你原本预期大家用这款产品做的是 A 事，但是用户在这里玩得不亦乐乎，但做的是 B 事。你惊讶原来这个设计用户会这样玩之余，会做什么样的决策呢？是不断地调整产品定位，让用户不断地调整到 A 事上，还是在做 B 事的基础上不断地提高体验度，变成 B 事＋呢？这是一个问题，可以想想如果发生在自己身上你会怎么决定。

有一款产品遇到过类似的情况，原本想做的是一款包含了文字、图像的综合性分享设计平台，但用者寥寥，后来创始人发现，在所有功能中，分享图片的比例很高，于是做了一个决定，把原本的产品"减配"成一款纯粹的图片分享产品，后来的故事大家就都知道了，改后的产品叫 Instagram，成了世界上最好的几款社交软件。

你说这样的创始人、这样的产品经理执着吗？我觉得一点也不执着，原本的想法、原本的"初心"用户不买账，一定不要纠结，不被用户接受的功能坚决砍掉。但同时也异常"执着"，他们执着于"产品一定要服务用户，产品一定要活着"。

太多产品死亡的原因很有意思，就是宁可死，也不按照用户想要的做。

我有一个认识 20 多年的好朋友，有一次我们时隔多年重逢，促膝长谈，他听了很久我做项目时的经历之后，说了这样一番话，让我感受很深，"我听不太懂你在说的业务，毕竟咱们从事的行业差得挺远，但你一定要记住一句话，'你要时刻分辨你做的事情是荣耀自己的，还是荣耀主人的，如果是荣耀自己的，就会被魔鬼引诱，如果是荣耀主人的，天使就会帮助你'"，这里的"主人"对于产品经理来讲是用户，如果执着于自己的想法，很可能被市场抛弃，而执着于"为用户服务"才是唯一的路径。

另外，在这个"执着"中还需要避免一点，不只是想法上的执着，还有"我拥有"上面的执着。很多公司做产品的第一思路是"公司有什么资源，公司有什么技术"，这些资源和技术可以组合成什么产品。这个思路在互联网行业的上半场是没有问题的，那个时候百废待兴，市场是蓝海，做了产品和功能在那个市场快速自增长的红利期，往往能见到很好的效果。但现在，市场已经高度饱和，如果一切都是基于现在所拥有的资源条件去设计产品，很容易陷入供给侧思维，最终严重限制产品本身的定位和服务能力。如果可以试着放下这个"执着"，先本着"无我"去和用户沟通，了解市场、用户，挖掘痛点，基于这样的"需求侧思维"进行产品构想，再从中寻找和自己的能力匹配的交点，需要补就去补，需要学就去学。这样的思考方式，才是符合这个时代产品思维的主线。

这个模式和若干年前的一个项目很像，几个年轻人在一个咖啡馆里已经待了几个晚上了，构思着创业的方向，七嘴八舌地讨论着自己的想法，但都被别人否定，到最后人困马乏的时候，有人说："今天无论如何要定一个方向。"不知是谁开始聊自己的家庭和孩子，聊到孩子的奶粉、尿布的日常琐事，结果反而激发了大家的兴趣和想法。"创业也是为了给孩子买好点的奶粉""不都是为了孩子吗"，结果从这个市场导向出发，慢慢地推导出要做一个服务母婴的垂直电商，尽管没有现成资源，但几个年轻人依然信心满满。后来的故事大家就都知道了，这个品牌是红孩子。

一个产品像是一个孩子，有两种设计的理念，一种是机械设计理念，所有的发展要符合"家长"，也就是产品经理的心意，这在我看来就是"我"太大的结果，是自己的"我"要执着于掌控他人的欲望；而另一种理念是生物进化的理念，每个孩子（产品）都是一个独立人格的个体，应该按照这个世界对他的接受和反馈，自我进化成自己的样子。以产品经理的角度讲，就是只能给产品最初的生命，但不能定义它一生的全部细节，当它一心投入这个美丽、纷繁，同时充满痛苦与欢乐的世界时，它才是真正的、活的产品，而不是一具被设计出来的、没有生命的提线木偶。

所以，做产品也要学会放手，放下对产品的"掌控"，把全部的心智投入到"服务用户"上，这样才能收获意外的效果。

6.11 无我（下）

这是"无我"系列的第三篇，第一篇主要谈到了在对产品的思考、研究和使用，需要有一个"专业的产品经理"形态，进入这个形态之后，就不再受自己的好恶、兴趣的影响，而能够用专业的眼光，理性地分析产品的特质和优劣；第二篇谈到了做产品的时候，不要执着于自己原本设计的产品路径，也不要执着于公司手上拥有的技术和资源，而应该根据用户需求，逢山开路、遇水架桥，依据用户的反馈调整产品，而不是拘泥于"自我"之中。

本篇谈论产品经理的个人职业规划和成长中的"无我"。

很多人问我，"我是学某某专业的""我以前做什么工作"是否适合转行做产品经理。不知道作为读者的你是否有同样的问题，但在我回答之前，希望你回答我一个问题——如果你现在手中有一瓶水，你觉得你怎么做，对你的后续人生最好？

"喝掉""倒掉""浇花"还是其他什么想法？其实，一瓶水能对你的人生有多大价值吗？从长远看，接近于 0，所以，怎么做对后续的人生最好，要思考的是后续的人生需要什么，需要提高什么，需要完成什么，而不是应该用手中的这瓶水干什么？手中有了一瓶水，没有变成资源，反而成了阻碍。有一个说法，手中有一把锤子，所以看什么都是钉子。

同样的道理，"无我"的另一层理念，是活在当下心无挂碍，把心中的杯子腾空的同时，也把手上的"水"放下。大学四年学了一些知识，做不做产品经理和这些知识本身关系不大。这 4 年对于将近 40 年的职业生涯来讲，也只是不到 1/10 的时间，太多的时候，我们总在考虑"之前学过""之前做过""不然这些经验就浪费了"，看似是挽回了 4 年的损失，实则是浪费了更久的光阴。

在现在没有专门培养产品经理学科的背景下，在各个一线企业活跃的一流产品经理，也是来自各种学科、各种背景的人。所以，想去追求一件事情，和手里已经有的所谓"资源"并没有特别大的关系，尤其是在初期。"人人都是产品经理"，我个人非常反对，甚至反感这句话。这句话和"没有中间商赚差价""我们恨化学"一样，都是写给外行的广告语，对行业甚至可以说是有伤害的。正确的说法应该是"人人都有成为产品经理的机会"，"人人都是"这样的话语，让人完全看不到产品经理这个岗位的门槛和专业性。

"无我"在这里的另一面在于，"想成为产品经理"是我的需求和意愿，"能不能成为"不是单独以我的意愿为转移的，而是要看我和这个岗位的契合度。所以，与其问我的资历是否适合做产品经理，不如真正放空，思考和研究产品经理到底是做什么的，有什么样的能力要求，需要什么样的知识和技能，再来评估自己，而不是"具备某个基础的人"在这里的匹配度、差距以及意愿的关系。否则，就又陷入了"我有一个技术""我有一个想法"所以就做这个产品吧的状态。

所以，不要太多地顾虑自己走过的路，因为未来的路还很长，要把注意力更多地放在目标上，思考岗位的需求，匹配、成长自我，是一条更符合市场需求的路。真心想转一个行业或一个岗位最好的时间，不是刚毕业，而是此刻。